EINMACHEN UND KONSERVIEREN

Kochbuch für Einsteiger

Eine schrittweise Anleitung zur Aufbewahrung von Gourmet-
Lebensmitteln in einem Einmachglas

Marah Pattle

Inhaltsübersicht

Einführung

Canning and Preserving Cookbook for Beginners demonstriert die Benutzerfreundlichkeit eines Druckkonservengeräts, entmystifiziert die Wissenschaft und die Mathematik, die zur sicheren Konservierung von säurearmen Lebensmitteln verwendet werden, und bietet köstliche Rezepte für Leser aller Erfahrungsstufen, egal ob Sie neu im Einmachen sind oder schon immer zu Hause eingemacht haben. Entdecken Sie eine ganz neue Welt der Lebensmittelkonservierung mit Schritt-für-Schritt-Anleitungen, Übungsrezepten und vielem mehr.

Mir persönlich hat die Druckkonservierung die Türen zu so vielen tollen Rezepten geöffnet, die ich sonst nicht hätte einmachen können. Suppen, Eintöpfe und Gerichte im Glas sind nur eine kleine Auswahl. Noch aufregender ist es zu beobachten, wie meine Speisekammer mit der Zeit immer seltener eine Aluminiumdose beherbergt. Der Großteil der Lebensmittel, die meine Familie konsumiert, wird von meinen eigenen Händen in Einmachgläsern konserviert. Grundnahrungsmittel wie Suppen und Brühen, buntes Gemüse und Hülsenfrüchte in jeder Form und Größe stehen jetzt in meinen Vorratsregalen. Es ist sehr angenehm und kostensparend, zuerst in meiner Vorratskammer einzukaufen und nicht im Lebensmittelgeschäft.

Wenn Sie viel zu tun haben, viel unterwegs sind oder in Katastrophenzeiten vorbereitet sein wollen, kann Ihnen das Einmachen helfen, einen Schritt voraus zu sein. Ich kann eine gesunde Mahlzeit in weniger als 20 Minuten auf den Tisch zaubern, und mein Vorrat an eingemachten Mahlzeiten in einem Glas hält mich davon ab, an besonders hektischen Wochentagen am Drive-Thru für Fast Food vorbeizuschauen. Betrachten Sie das Kochbuch Einmachen und Konservieren für Anfänger als Ihren persönlichen Leitfaden zur Zeitersparnis in der Küche. Einfach "aufwärmen und essen", wie ich zu sagen pflege.

Sind Sie bereit, ein Experte für Druckkonserven zu werden? Dann fangen wir an!

Kapitel 1: Konservierung 101

Es gibt zwei Hauptmethoden des Einmachens, die als die sichersten gelten, wenn es um das Einmachen zu Hause geht. Sie sollten sich an diese Methoden halten und keine Änderungen vornehmen, um sicherzustellen, dass Sie so sicher und gesund wie möglich einmachen. Das Letzte, was Sie wollen, ist eine Katastrophe wegen ein paar Fehlern.

Säurereiche Lebensmittel

Lebensmittel mit hohem Säuregehalt haben einen Säuregehalt, der die Konservierung über einen längeren Zeitraum erleichtert, ohne dass externe Konservierungsmittel wie Zitronensaft oder Essig einen wesentlichen Beitrag leisten. Früchte wie Tomaten haben jedoch nur wenige natürliche Säuren, so dass ihr Säuregehalt zwischen hoch und niedrig liegt. Tomaten benötigen in Flaschen abgefüllten Zitronensaft, Essig oder Zitronensäure, damit ihr Säuregehalt einen Wert erreicht, der für die Lebensmittelverarbeitung sicher ist. Lebensmittel wie Sauerkraut, die bereits fermentiert sind, und Lebensmittel, denen eine beträchtliche Menge Essig zugesetzt wurde - z. B. eingelegtes Gemüse - werden als Lebensmittel mit hohem Säuregehalt eingestuft.

Die meisten Konfitüren und Gelees haben einen hohen Säuregehalt, es sei denn, es werden Lebensmittel mit niedrigem Säuregehalt, wie z. B. Paprika, hinzugefügt. Lebensmittel, die einen hohen Säuregehalt aufweisen, können mit dem Kochwasserverfahren verarbeitet werden. Der Grund dafür ist, dass die Wahrscheinlichkeit, dass sie schädliche Bakterien oder andere Mikroorganismen enthalten, aufgrund ihres hohen Säuregehalts sehr gering ist. Das Kochen dieser Zutaten oder die Verwendung der Kochmethode zur Konservierung in Gläsern macht diese Lebensmittel nicht anfällig für Bakterien wie das Botulinum-Bakterium, das Botulismus verursacht. Die Lebensmittel sind durch ihren natürlichen hohen Säuregehalt auf natürliche Weise konserviert, was den Konservierungsprozess für Sie als Anfänger etwas angenehmer macht.

Säurearme Lebensmittel

Zu den Lebensmitteln mit niedrigem Säuregehalt gehören Gemüse (mit Ausnahme von Lebensmitteln, die bereits gesäuert wurden, z. B. Tomaten oder eingelegte Lebensmittel) und Fleisch (Rindfleisch, Fisch, Geflügel usw.). Bei säurearmen Lebensmitteln fehlt der

Säuregehalt, der das Wachstum und Gedeihen vieler Bakterien und Sporen verhindern kann. Die Kochmethode wäre für säurearme Lebensmittel nicht ideal, da Bakterien wie Clostridium botulinum hitzeresistente Sporen produzieren können, die ein potenziell tödliches Toxin erzeugen, das zu Lebensmittelvergiftungen und sogar zum Tod führen kann. Es ist bekannt, dass Botulismus-Sporen auf Lebensmitteln mit niedrigem Säuregehalt gedeihen - vor allem in Räumen ohne Sauerstoff, in Gegenwart von Feuchtigkeit und bei Zimmertemperatur. Dies sind die typischen Bedingungen im Inneren eines Glases mit Fleisch oder Gemüse, das zu Hause eingemacht wurde. Diese Sporen können in einem Druckkonservengerät abgetötet werden, wo die Temperaturen weit über der Temperatur von kochendem Wasser liegen. Daher wäre es ratsam, die Druckkonservenmethode zu verwenden, wenn Sie regelmäßig säurearme Lebensmittel einmachen wollen.

Beim Einmachen von säurearmen Lebensmitteln zu Hause muss viel beachtet werden - vom Waschen und Reinigen bis zur Aufbewahrung in Gläsern. Wenn Sie gesunde, schadstofffreie Lebensmittel mit niedrigem Säuregehalt einmachen wollen, müssen Sie den Einmachprozess Schritt für Schritt befolgen. Abkürzungen können schwerwiegende Folgen haben, und das ist das Letzte, was Sie brauchen - vor allem, wenn Sie gerade erst mit dem Einmachen beginnen. Zu den Lebensmitteln mit niedrigem Säuregehalt gehören Fisch, rotes Fleisch, Geflügel und die meisten frischen Gemüsesorten (sofern sie nicht gesäuert oder eingelegt wurden).

Wasserbad-Konservierung

Wie bereits erwähnt, ist das Einmachen im Wasserbad das Verfahren, das zur Konservierung von Fleisch, Obst, Gemüse, Marmelade, eingelegten Lebensmitteln und Konfitüren mit hohem Säuregehalt verwendet werden kann. Die Wasserbadkonservenmethode kann in einem ausreichend großen Kochtopf oder einem speziellen Wasserbadkonservengerät durchgeführt werden. Das Problem bei der Wasserbadkonservenmethode ist, dass die Konservengeräte selten mit einer geeigneten Anleitung geliefert werden, und einige Einmachbücher bieten Anleitungen und Richtlinien, die für einen Anfänger sehr schwer zu befolgen sind.

Einfach ausgedrückt ist ein Wasserbad-Konservenbereiter einfach ein großer Topf, dessen Abmessungen ausreichen, um mindestens sieben (ein) Quart (+/- 950 ml) Gläser aufzunehmen. Der Einkochautomat sollte in der Lage sein, diese Gläser in mindestens ein bis zwei Zentimeter kochendes Wasser einzutauchen - andernfalls wird die Methode den Inhalt der Gläser nicht wirksam konservieren. Ein Wasserbad-Konservenbereiter muss mit einem Halter für Einmachgläser geliefert werden, der offiziell als Einmachgestell bezeichnet wird. Ist dies nicht der Fall, müssen Sie einen kaufen. Die Gläser dürfen während des Kochvorgangs nicht den Boden des Topfes berühren, sonst zerspringen sie und ruinieren alles. Einmachgestelle sind nicht teuer und können in jedem Eisenwaren-, Garten- oder Baumarkt gekauft werden. Auch in den meisten Online-Shops finden Sie ein zuverlässiges Einmachgestell zu günstigen Preisen. Es wäre gut, wenn Sie mehr als einen kaufen könnten, für den Fall, dass dem von Ihnen benutzten Gestell etwas zustößt. Die Größe Ihres Einmachgestells hängt von der Größe Ihres Einkochers oder Suppentopfs ab. Die meisten Einmachgläser werden mit einem Einmachgestell geliefert. Diese Gestelle sind jedoch in der Regel recht wackelig und unzuverlässig, so dass Sie sicherstellen müssen, dass Sie die Stärke dieser Gestelle testen, bevor Sie sie ausprobieren. Das Letzte, was Sie wollen, ist eine unerwartete Katastrophe - vor allem, wenn Sie zum ersten Mal einkochen. Wenn Sie einen Suppentopf verwenden, müssen Sie ein relativ kleines Einmachgestell kaufen, in das vier bis sieben (ein) Quart-Gläser passen. Das Wichtigste ist, dass Ihr Einmachgestell perfekt in Ihren Einkochtopf oder Brüheimer passt, hier gibt es nicht viel Spielraum für Fehler. Sie können Ihr Einmachgestell auch selbst herstellen, wenn Sie auf Heimwerken stehen.

Hinweis: Achten Sie darauf, dass Sie ein Einmachgestell mit (Gummi-)Griffen kaufen, damit Sie die Gläser nach dem Auskochen leicht herausnehmen können. Wenn Ihr Einmachgestell keine Griffe hat, können Sie eine Zange oder einen Heber für Einmachgläser kaufen, der ebenfalls Gummigriffe hat. Ihre Einmachgläser sind nach dem Auskochen so heiß, dass Sie sie nicht mehr mit den Händen herausnehmen können - selbst wenn Sie Ofenhandschuhe tragen.

Bei der Methode des Einmachens im Wasserbad werden die Gläser in ein bis zwei Zentimeter kochendes Wasser getaucht und das Wasser für eine bestimmte Zeit zum Kochen gebracht. Die Hitze des kochenden Wassers dringt in den Inhalt der Gläser ein, wodurch der Konservierungsprozess der Lebensmittel in diesen Gläsern aktiviert wird.

Wenn Sie ein Anfänger in Sachen Einmachen sind, wäre es besser, wenn Sie diese Methode - mit einfachen Rezepten - ein paar Mal ausprobieren, bevor Sie sich an die Druckkonservenmethode wagen. Wenn Sie die Einmachmethode auch ausprobieren wollen, ohne viel Geld auszugeben, wäre die Wasserbadmethode für Sie die bessere Methode für die ersten paar Versuche. Der größte Nachteil dieser Methode ist, dass sie nicht in der Lage ist, hoch hitzebeständige Toxine wie die Botulinum-Bakterien zu bekämpfen. Aus diesem Grund sollte man mit dieser Methode keine säurearmen Lebensmittel einmachen, denn das könnte einen Nährboden für Bakterien schaffen, anstatt die Lebensmittel für den späteren

Verzehr zu konservieren. Das Letzte, was Sie wollen, ist Ihre Gesundheit zu schädigen, weil Sie die falsche Methode zum Einmachen von säurearmen Lebensmitteln zu Hause anwenden. Aus diesem Grund gibt es die Methode der Druckkonservierung.

Ein Wasserbad-Konservenbereiter funktioniert genau so, wie der Name schon sagt - er bietet ein kochendes Bad für Konservendosen und erfordert keine besondere Ausrüstung (außer den Einmachgläsern und Deckeln). Er kann so einfach sein wie ein riesiger Hummer- oder Schmortopf.

Einmachgläser haben manchmal ein Metallgestell mit Rillen am Boden, um zu verhindern, dass die Gläser im kochenden Wasser zusammenstoßen. Es gibt auch Hebegestelle, mit denen man alle Gläser auf einmal herausnehmen kann.

Sobald das Wasser auf den Siedepunkt erhitzt ist, werden die Gläser in das Wasser gestellt und verbleiben dort für eine bestimmte Zeit, die so genannte Verarbeitungszeit (diese variiert je nach Art der Lebensmittel, die eingemacht werden).

Sobald die Dosen aus dem Wasser genommen sind, werden sie zum Abkühlen ausgelegt. Während des Abkühlens bildet sich eine luftdichte Versiegelung, die verhindert, dass Bakterien oder Sauerstoff in die Dose gelangen. Hoffentlich hören Sie das "Ping" des Deckels, der auf die Dose gesaugt wird - ein Zeichen dafür, dass die Arbeit gut gemacht wurde.

Die Konservierung von Lebensmitteln im Wasserbad kann sehr schwierig sein. Denn für die verschiedenen Lebensmittel, die Sie konservieren möchten, müssen Sie unterschiedliche Temperatureinstellungen verwenden. Außerdem wirken sich die Höhenlage und die Größe des Gefäßes auf die Verarbeitungszeit aus.

Druckkonservierungsverfahren

Die Botulinum-Bakterien können diesen hohen Temperaturen nicht standhalten, so dass die mit dieser Methode konservierten Lebensmittel nach der Konservierung sicher verzehrt werden können. Lebensmittel mit niedrigem Säuregehalt müssen bei Temperaturen zwischen 240 und 250 Grad Celsius verarbeitet werden. Diese hohen Temperaturen können in einem Druckkonservenbehälter erreicht werden, der zwischen 10 und 15 Pfund wiegt. Die Druckkonservenmethode ist jedoch komplizierter in der Ausführung als die einfachere Wasserkonservenmethode. Sie müssen alle Anweisungen befolgen, wenn Sie Ihre Lebensmittel unter Druck konservieren wollen.

Hinweis: Achten Sie darauf, dass jedes Rezept, das Sie mit der Druckkonservenmethode ausprobieren, einen bestimmten Druck und eine bestimmte Einmachzeit für die Art der zu verarbeitenden Lebensmittel enthält.

Mason-Gläser können auch für die Druckkonservenmethode verwendet werden, und Sie müssen sie nicht sterilisieren, bevor Sie sie zum Einmachen verwenden. Ich würde Ihnen aber raten, sie trotzdem zu sterilisieren - zur Sicherheit. Am besten sterilisieren Sie Ihre Gläser, indem Sie sie zehn bis fünfzehn Minuten in Wasser auskochen.

Für diesen Prozess benötigen Sie einen Druckkonservenbehälter. Sie sollten keinen Schnellkochtopf verwenden, denn Druckkonservenbehälter sind speziell für Einmachgläser konzipiert und führen den für die verschiedenen Lebensmittel erforderlichen Erhitzungsprozess durch. Wenn Sie keinen Schnellkochtopf besitzen, können Sie entweder einen kaufen oder einen von einem Freund oder einem Familienmitglied ausleihen - wenn diese einen haben. Wenn Sie vorhaben, diesen Prozess regelmäßig durchzuführen, sollten Sie sich einen Druckkonserventopf zulegen. Betrachten Sie ihn als eine Investition - denn genau das ist er auch.

Kapitel 2: Druckkonservierung

Was ist Druckkonservierung?

Kurz gesagt, ist die Druckkonservierung eine Technik zur Konservierung von Lebensmitteln zu Hause, bei der spezielle Geräte verwendet werden, um diese Lebensmittel bei höheren Temperaturen als normal zu verarbeiten. Druckkonserven werden am häufigsten für die Konservierung von Fleisch und Gemüse verwendet und ermöglichen die Konservierung ohne den Einsatz von Säure. Dieses Verfahren sorgt dafür, dass die Lebensmittel lange haltbar bleiben.

Wie funktioniert das Druckkonservieren?

Erklären wir zunächst, wie das Einmachen im Wasserbad funktioniert: Die Gläser werden in kochendes Wasser getaucht und eine bestimmte Zeit lang stehen gelassen. Das Wasser darf nur bis zu 100° C (212° F) heiß werden; das heiße Wasser erhöht die Temperatur der Zutaten im Glas und tötet so die Bakterien ab. Diese Technik ist ideal für säurehaltige Lebensmittel, da sie bei diesen Temperaturen sicher verarbeitet werden können.

Bei der Druckkonservierung wird weniger Wasser verwendet (die Gläser werden nicht eingetaucht), da der Dampf in einem unter Druck stehenden Glas eingeschlossen wird, um die Temperatur über 240° F zu erhöhen.

Was sind die Vorteile der Druckkonservierung?

Die Druckkonservierung bietet eine Vielzahl von Vorteilen, wenn es um das Einmachen und Konservieren von Lebensmitteln geht:

- Die Aromen der Lebensmittel in der Dose bleiben erhalten, d. h. Ihr Fleisch, Ihr Gemüse oder was auch immer Sie sonst noch brauchen, schmeckt genauso frisch wie an dem Tag, an dem Sie es eingemacht haben, egal, wann Sie es wieder öffnen.

- Die Druckkonservierung verbraucht weniger Wasser und Energie als die Wasserbadvariante und ist daher billiger und einfacher.

- Diese Konservierungstechnik bedeutet, dass Sie Lebensmittel im Regal lagern können, ohne einen Gefrierschrank zu benötigen. Dadurch wird entweder Platz in Ihrem Gefrierschrank für andere Dinge frei oder Sie können Geld sparen, indem Sie

einen Gefrierschrank ganz überflüssig machen. Schließlich kann der Betrieb eines
Gefrierschranks eine Menge Geld kosten.

● Im Gegensatz zu gekauften Konserven können Sie bei der Druckkonservierung zu
Hause genau kontrollieren, was in Ihre Lebensmittel kommt. Das bedeutet, dass Sie
auf schädliche Mengen an Säure, Salz, Zucker und Fett verzichten können, wenn Sie
dies wünschen.

Was sind die Nachteile der Druckkonservierung?

Die Druckkonservenherstellung bietet zwar einige einzigartige und überzeugende Vorteile,
hat aber auch ihre Schattenseiten:

● Für die Druckkonservenherstellung ist eine spezielle Ausrüstung erforderlich, was
bedeutet, dass Sie zu Beginn eine gewisse Vorleistung erbringen müssen. Die
meisten Konservenfässer kosten zum Beispiel um die 100 Dollar. Daher müssen Sie
bei der Suche nach einem Konservengerät ein Gerät finden, das lange hält und
Ihren besonderen Bedürfnissen entspricht, ohne das Budget zu sprengen.
Außerdem kann es schwierig sein, das Gerät unterzubringen, wenn Sie nicht mit
viel Stauraum gesegnet sind.

● Wenn man die gesamte Ausrüstung vor sich liegen hat, kann das
Druckkonservenverfahren mehr als nur ein wenig einschüchternd wirken. Solche
Geräte sind technischer als die meisten anderen Konservierungsmittel. Außerdem
gibt es nicht allzu viele Menschen, die ihre eigenen Lebensmittel unter Druck
einmachen, was die Sache noch einschüchternder erscheinen lässt. Wenn man sich
jedoch erst einmal ein paar Mal an den Prozess herangewagt hat, wird man ihn
schnell verstehen und feststellen, dass er nicht viel schwieriger ist als das normale
Einkochen.

● Wir raten Ihnen, mit einem Wasserbad zu beginnen, bevor Sie zum
Druckkonservierer übergehen, wenn Sie noch nie einen verwendet haben. So
können Sie sich mit dem Verfahren vertraut machen, bevor Sie ins kalte Wasser
springen.

● Leider kann sich die Beschaffenheit Ihres Gemüses zwischen dem Zeitpunkt des
Kochens und dem Öffnen der Dose zum Verzehr verändern. Wenn es fertig gekocht
ist, kann es weicher sein, als Sie erwartet haben. Das ist jedoch bei allen

Konservierungsmethoden der Fall, die Beschaffenheit wird sich immer in irgendeiner Form verändern.

● Es gibt auch einen Wartungsprozess, den man bei der Konservenherstellung befolgen sollte. Zum Beispiel sollten Sie die Genauigkeit Ihrer Geräte, wie z. B. Messuhr-Dosenmaschinen, jährlich überprüfen.

● Der offensichtlichste Nachteil des Einmachens von Lebensmitteln ist, dass es viel mehr Zeit und Mühe erfordert als der Kauf von Konserven. Das sollte Sie aber nicht davon abhalten, es einmal zu versuchen.

Werkzeuge und Ausrüstung, die Sie für das Druckkonservieren benötigen

Wenn Sie Ihre Lebensmittel zu Hause einkochen wollen, benötigen Sie einige spezielle Geräte. Es ist jedoch wichtig zu wissen, dass Sie nicht so viel Ausrüstung benötigen, wie Sie vielleicht denken. Sie werden sogar angenehm überrascht sein, wenn Sie feststellen, dass Sie einige der benötigten Geräte bereits in Ihrer Küche haben. Das sollten Sie haben:

Ein Schnellkochtopf

Ein grundlegender Bestandteil des Druckkonservierungsverfahrens. Sie müssen ein Gerät kaufen, das für Sie geeignet ist, einschließlich Faktoren wie Preisklasse, Haltbarkeit, Größe und mehr. Sie sollten sich für ein hochwertiges Modell entscheiden, das einfach zu bedienen ist, vor allem, wenn Sie noch keine Erfahrung mit Einmachern haben. Denken Sie daran, dass billiger nicht immer die beste Lösung ist. Sie sollten lieber 100 Dollar für einen Druckkonservierer bezahlen, der 10 Jahre hält, als 50 Dollar für einen, der nur ein Jahr hält.

Einmachgläser, Deckel und Ringe

Diese Gläser sind allgemein als Mason Jars bekannt und bestehen aus gehärtetem Glas, das großer Hitze standhalten kann. Sie sind unverzichtbar, wenn es darum geht, Ihre Lebensmittel effektiv unterzubringen. Natürlich werden auch Deckel und Ringe benötigt, um sicherzustellen, dass die Lebensmittel gut verschlossen bleiben.

Zange

Zangen sind beim Einmachen so etwas wie Superman's Finger! Mit ihr kann man in die heißen Gläser greifen, ohne sich zu verbrennen. Jede auf dem Markt erhältliche Zange eignet sich perfekt. Um ehrlich zu sein, haben Sie wahrscheinlich schon eine Art Kochzange in Ihrer Küche. Achten Sie nur darauf, dass sie klein genug ist, um in die Gläser zu passen, aber lang genug, um den Boden zu erreichen.

Tiegelheber

Einmachzangen sind spezielle Zangen mit gummierten Enden, die sicher um Einmachgläser jeder Größe passen. So können Sie die Gläser sicher aus dem Einmachgefäß heben. Glauben Sie mir, der kleine Preis, den Sie für einen Glasheber zahlen, ist es auf lange Sicht wert. Sie wollen Ihre Gläser nicht fallen lassen oder riskieren, sich während dieses Vorgangs zu verletzen.

Trichter für Konserven

Dieser Einmachtrichter ist nicht zwingend erforderlich, aber er hilft, ein großes Durcheinander beim Einfüllen der Lebensmittel in die Gläser zu vermeiden. Im Wesentlichen setzt man diesen Trichter oben auf das Glas und schüttet die Lebensmittel hinein, um sicherzustellen, dass nichts verschüttet wird. Mit einem kleinen Plastiktrichter werden weniger Lebensmittel verschwendet und man muss weniger aufräumen.

Ein Stäbchen oder Rührstab

Dieses kleine Werkzeug wird verwendet, um Luftblasen aus den Gläsern zu entfernen. Bevor Sie Ihre gefüllten Gläser verschließen, streichen Sie mit diesem Stäbchen über die Innenränder, um kleine Luftblasen zu entfernen. Dies ist ein wichtiger Arbeitsschritt, für den nur ein langes Holzstäbchen benötigt wird.

Ein Suppentopf oder Dutch Oven

Diese werden zum Kochen der Lebensmittel verwendet, die Sie durch Einmachen konservieren wollen. Sie können einen emaillierten gusseisernen Dutch Oven kaufen, der groß genug für Rezepte ist, die eine große Oberfläche benötigen.

Ein Küchentimer

Das ist ein Muss in der Küche. Es ist ein wichtiger Teil des Druckkonservierungsprozesses, den Überblick zu behalten und sicherzustellen, dass alles richtig gekocht wird. Sie können sogar einen digitalen Küchentimer kaufen, der piept, wenn die eingestellte Zeit abgelaufen ist, um sicherzustellen, dass Sie immer auf dem Laufenden sind.

Ein Schaumlöffel

Der Löffel hilft beim Abgießen der Flüssigkeit, insbesondere beim Einmachen von ganzen Früchten oder Gemüse. Die abgetropfte Flüssigkeit wird später in die Gläser gefüllt.

Käsetuch oder Sieb

Sie sind sehr wichtig, vor allem bei der Herstellung von Gelees. Sie helfen dabei, die Samen aus der Mischung herauszufiltern.

Der grundlegende Prozess der Druckkonservierung

Das Einmachen unter Druck kann zwar ein langwieriger und komplizierter Prozess sein, aber sobald Sie die Grundlagen beherrschen, wird es Ihnen zur zweiten Natur werden. Wir haben ein paar der detaillierteren Schritte weggelassen, aber hier ist der grundlegende Prozess des Einmachens unter Druck:

- Einige Liter Wasser in den Einkochtopf geben (so viel, dass es beim Kochen nicht verdampft - aber nicht so viel, dass die Gläser bedeckt sind)
- Drehen Sie es auf Hochtouren
- Erhitzen Sie Ihr Gemüse und andere Lebensmittel
- Füllen Sie die Lebensmittel und das Gemüse in Ihre Einmachgläser
- Wischen Sie die Ränder der Gläser ab, setzen Sie die Deckel auf und stellen Sie die Gläser in den Einmachglasbehälter.
- Der Deckel sollte nun auf der Dose befestigt werden.
- Bringen Sie das Wasser zum Kochen und erhöhen Sie so den Druck, bis es die eingestellte Temperatur erreicht. Dies wird als "unter Druck setzen" bezeichnet.

- ● Die ideale Temperatur ist erreicht, wenn die Skala oder das Gewicht dies anzeigt

- ● Die Lebensmittel sollten dann verarbeitet werden - die Zeit hängt ab

- ● Schalten Sie die Heizung aus

- ● Lassen Sie den Dosenöffner abkühlen, bevor Sie etwas bewegen

- ● Die Gläser 24 Stunden lang kühlen, bevor sie gelagert werden

Sicherheitstipps für das Druckkonservieren zu Hause

Die Druckkonservierung ist eine sehr detaillierte und spezielle Methode zur Konservierung von Lebensmitteln, die mit einer Reihe von Risiken und Sicherheitsanforderungen verbunden ist. Daher sollten Sie immer sicherstellen, dass Sie während des gesamten Prozesses sicher und vernünftig bleiben, indem Sie unsere Tipps und Richtlinien befolgen:

Sie sollten immer die aktuellen, von der USDA zugelassenen Konservierungsmethoden anwenden. Dies ist wichtig, da es die Druckkonservierung schon seit vielen Jahren gibt. Mit der Weiterentwicklung von Technologie und Wissen wurden jedoch auch die Sicherheitsmaßnahmen aktualisiert. Einem Rezept Ihrer Großeltern zu folgen und deren Verfahren aus den 1970er Jahren anzuwenden, ist in der heutigen Zeit vielleicht nicht mehr das Sicherste.

Verwenden Sie ein professionelles Druckkonservengerät - Die Ausrüstung ist nicht ohne Grund vorhanden. Das Einmachen unter Druck ist die sicherste und effizienteste Art, Lebensmittel in der Dose zu konservieren. Das liegt daran, dass der Inhalt des Glases bei diesem Verfahren eine höhere Temperatur erreicht als beim Kochen allein, wodurch mehr Bakterien abgetötet werden und die Lebensmittel länger frisch bleiben.

Vorsicht beim Einmachen von Tomaten - Der natürliche Säuregehalt von Tomaten kann variieren, aber einige haben einen sehr niedrigen Säuregehalt. Das bedeutet, dass es in manchen Fällen ratsam ist, eine Form von Säure hinzuzufügen, sei es Zitronensaft oder Zitronensäure, um sicherzustellen, dass die Lebensmittel über längere Zeit sicher bleiben.

Vergewissern Sie sich, dass Ihr Einkochgerät in gutem Zustand ist, regelmäßig gereinigt und jedes Jahr einer gründlichen Wartung unterzogen wird. Das Letzte, was Sie wollen, ist, dass Sie Lebensmittel essen, die nicht richtig eingemacht wurden.

Denken Sie daran, dass die Höhenlage einen großen Unterschied beim Einmachen unter Druck ausmachen kann. Je nach Höhenlage müssen Anpassungen vorgenommen werden. Informieren Sie sich also und befolgen Sie die entsprechenden Verfahren.

Wenn Sie die Wirksamkeit und Sicherheit eines Konservenbehälters garantieren wollen, sollten Sie sich für ein Gerät entscheiden, das vom UL (Underwriter's Laboratory) zugelassen ist.

Sie sollten keinen Druckkonservenbehälter verwenden, der kleiner ist als mindestens vier Quart Gläser.

Verwenden Sie eine Zange, damit Sie sich nicht verbrennen oder Gläser fallen lassen.

Kapitel 3: Lieferanweisungen und Sicherheit

Mit dem wiedererwachten Interesse an der Konservierung steigt auch die Beliebtheit des saisonalen und lokalen Konsums. Umweltbewusste Menschen und solche, die saisonale Lebensmittel genießen, setzen auf Einmach- und andere Konservierungstechniken, um ihre saisonalen Köstlichkeiten zu geringen Kosten frisch zu halten. Die Lebensmittelqualität ist jedoch nicht überall auf der Welt gleich gut. Ganz zu schweigen davon, dass selbst eingemachte Lebensmittel richtig zubereitet und abgefüllt werden müssen, da sie sonst zu verschiedenen gesundheitlichen Komplikationen führen können.

Eines der häufigsten Probleme im Zusammenhang mit unsachgemäßer Konservierung ist Botulismus. Dabei handelt es sich um eine Krankheit, die manchmal sogar tödlich endet, wenn man unsachgemäß zubereitete Konserven oder abgefüllte Lebensmittel verzehrt. Diese Krankheit wird durch ein Toxin verursacht, ein Bakterium namens Clostridium botulinum oder kurz C. botulinum.

Dieses Bakterium gedeiht in einer feuchten und sauerstofffreien Umgebung, also genau unter den Bedingungen, die Sie schaffen könnten, wenn Sie Ihre Lebensmittel nicht richtig konservieren. Unter diesen Bedingungen, ganz zu schweigen von der leicht verfügbaren Energiequelle in den Lebensmitteln selbst, können sich die Bakterien schnell vermehren und das Toxin produzieren.

Seltsamerweise ist das Bakterium selbst in der Natur sehr verbreitet. Man findet es in Form von Sporen in Erde und Staub. Sie fragen sich vielleicht, warum nicht jeder krank wird, der Staub einatmet oder ein Stückchen Schmutz in den Mund bekommt. Das liegt daran, dass die Sporen dem Sauerstoff ausgesetzt sind und daher nicht wachsen können.

Die Symptome des Botulismus treten innerhalb von 12 bis 36 Stunden nach dem Verzehr der kontaminierten Lebensmittel auf. Diese Symptome umfassen:

- Müdigkeit
- Erbrechen
- Übelkeit
- Schwindel
- Doppeltsehen
- Trockenheit in Nase und Rachen

- Kopfschmerzen

Zu den schwerwiegenderen Symptomen gehören:

- Lähmung

- Atemstillstand

- Tod

Die Symptome halten zwischen zwei Stunden und zwei Wochen an, es gab aber auch Fälle, in denen sie viel länger anhielten. Schwangere Frauen, Kinder unter 5 Jahren, Erwachsene über 60 Jahre und Menschen mit geschwächtem Immunsystem sind besonders anfällig für Botulismus.

Noch schlimmer ist, dass Botulismus weder die Farbe noch den Geruch oder gar den Geschmack des Lebensmittels verändert. Man kann nicht einfach mit dem Auge feststellen, ob es sicher zu essen ist. Im Zweifelsfall sollten Sie es einfach wegschmeißen. Wenn Sie glauben, eine Lebensmittelvergiftung oder Botulismus zu haben, suchen Sie so schnell wie möglich einen Arzt auf oder wenden Sie sich an das örtliche Gesundheitsamt. Vorsicht ist besser als Nachsicht!

Bevor Sie mit dem Einmachen Beginnen

In diesem Zusammenhang gibt es zwei Arten von Lebensmitteln: Lebensmittel mit hohem und niedrigem Säuregehalt. Jede Art von Lebensmitteln erfordert andere **Maßnahmen**, um das Wachstum schädlicher Bakterien zu verhindern. Bevor Sie das Glas herausnehmen, müssen Sie den Säuregrad des Lebensmittels bestimmen.

Lebensmittel mit hohem Säuregehalt sind solche mit einem pH-Wert von weniger als 4,6. Hier tötet der natürliche Säuregehalt der Lebensmittel alle Botulismusbakterien ab und verhindert, dass sie sich in Ihrem Einmachglas ansiedeln. Durch das Erhitzen werden auch die meisten Schimmelpilze, Hefen und andere Bakterien abgetötet, die möglicherweise vorhanden sind.

Am anderen Ende des Spektrums gibt es säurearme Lebensmittel mit einem pH-Wert von über 4,6, für die Sie einen Schnellkochtopf benötigen. Tomaten liegen zwischen diesen beiden Lebensmittelgruppen, daher sollten Sie etwas Saures wie Zitronensaft oder Essig verwenden, um sie sicher einmachen zu können.

Was ist, wenn Sie Lebensmittel aufbewahren wollen, die eine Mischung aus säurehaltigen und säurearmen Lebensmitteln sind? Wenn Sie zum Beispiel Ihre Spaghettisauce mit

Fleisch, Tomaten und Gemüse aufbewahren wollen, sollten Sie das gleiche Verfahren wie bei der Konservierung von Lebensmitteln mit niedrigem Säuregehalt anwenden. Wie immer gilt: Im Zweifelsfall sollten Sie sich über die Lebensmittel informieren, die Sie konservieren möchten.

Sicherheitstipps

Leider ist das Einmachen zu Hause nicht so sicher wie andere Hobbys wie Stricken oder Malen. Zum einen benötigt man spezielle Ausrüstung wie Metalldeckel, Gläser, Metallringe, Schnellkochtöpfe und Einkochautomaten für kochendes Wasser. Außerdem gibt es viele Arbeitsschritte, die beim Einmachen zu Hause anfallen, und jeder Schritt birgt Risiken.

Wenn Sie zum ersten Mal einmachen, sollten Sie daher zusätzlich zur Lektüre von Büchern über dieses Thema einen Kurs für das Einmachen zu Hause besuchen. Es lohnt sich, in einer kontrollierten Umgebung zu üben, und ein Klassenzimmer bietet genau diese Möglichkeit.

Abgesehen davon gibt es eine Reihe von Sicherheitstipps, die Sie in jeder Phase der Zubereitung beachten sollten.

Reinigung

Der erste Schritt zur Vorbeugung von Botulismus besteht darin, für eine saubere Arbeitsumgebung zu sorgen. Das bedeutet, dass Sie Ihre Hände, Gemüse und Obst, Utensilien und Werkzeuge sowie alle Arbeitsflächen reinigen müssen. All dies trägt dazu bei, das Risiko von Bakterien und lebensmittelbedingten Krankheiten zu verringern.

- Waschen Sie Ihre Hände. Verwenden Sie Seife und warmes Wasser. Reinigen Sie zwischen den Fingern und unter den Nägeln. Nehmen Sie sich dafür mindestens 20 Sekunden Zeit. Eine Möglichkeit zum Zählen ist, Happy Birthday zu singen. Oder stellen Sie sich vor, Sie hätten Chili an den Händen und müssten sich die Augen reiben; wie würden Sie sich dann die Hände waschen?

- Obst und Gemüse sollten vor der Zubereitung und dem Verzehr unter kaltem, fließendem und trinkbarem Wasser abgespült werden.

- Verwenden Sie beim Schneiden von Lebensmitteln verschiedene Bretter. Eines für Gemüse, eines für rohes Fleisch, Meeresfrüchte, Geflügel und Fisch.

- Wischen Sie die Küchenoberflächen mit Papiertüchern ab und wechseln Sie die Geschirrtücher täglich, um Verunreinigungen und die Verbreitung von Bakterien zu vermeiden. Verwenden Sie niemals Schwämme, da diese nur schwer von Bakterien zu befreien sind.

- Desinfizieren Sie Ihre Arbeitsflächen, Schneidebretter und Utensilien vor und nach der Zubereitung von Speisen. Idealerweise verwenden Sie für diese Aufgabe ein Desinfektionsmittel oder eine Bleichlösung. Befolgen Sie die Anweisungen des Herstellers, wenn Sie ein Desinfektionsmittel verwenden, und verwenden Sie 5 ml Bleichmittel auf 750 ml Wasser, wenn Sie eine Bleichlösung verwenden, und spülen Sie die Oberfläche nach der Reinigung mit Wasser ab.

- Reinigen Sie Ihre Oberflächen in allen Phasen des Reinigungsprozesses, um das Risiko einer Verunreinigung zu minimieren.

Kochen

- Die Bakterien in Ihren Lebensmitteln sollten bereits abgetötet sein, wenn Sie Ihre Lebensmittel bei hoher Temperatur kochen. Bei der Konservierung zu Hause ist die Situation jedoch anders, da man eine Vakuumversiegelung herstellen will, die die perfekte Umgebung für Botulismusbakterien darstellt, um zu faulen. Was können Sie also tun, um Ihre Lebensmittel in diesem Stadium sicher zu halten?

- Die richtige Verwendung von Werkzeugen ist für das Einmachen zu Hause entscheidend. Je nach Säuregehalt der Lebensmittel sollten Sie einen Schnellkochtopf oder einen Einkochtopf mit kochendem Wasser verwenden.

- Bei bestimmten Lebensmitteln wie Tomaten empfiehlt es sich, etwas saure Lösung wie Zitronensaft oder Essig zuzugeben, um sie säurehaltiger zu machen.

- Ersetzen Sie niemals etwas, vor allem nicht die Verarbeitungszeit und die Druckstufe. Wenn Sie an der falschen Stelle sparen, geben Sie den Botulismusbakterien eine Chance, sich zu vermehren.

- Überprüfen Sie die Gartemperatur von Zeit zu Zeit, um sicherzustellen, dass Ihre Speisen mit der richtigen Temperatur gegart werden.

- Achten Sie darauf, dass der Druck aufrechterhalten wird, wenn Sie den Stromdruck verwenden.

- Merken Sie sich den Zubereitungsprozess für jede Charge.

Sichere Ausrüstung und Rezepte

Auch die Geräte, die Sie verwenden, und das Rezept, das Sie für die Konservierung Ihrer Lebensmittel wählen, sollten sauber und sicher sein.

- Verwenden Sie zum Abfüllen und Einmachen Gläser - nicht alle Gefäße eignen sich für diese Aufgabe.

- Verwenden Sie nur neue selbstdichtende Deckel und achten Sie darauf, dass die Dichtungsmasse selbst nicht beschädigt ist, da dies die Dichtung beeinträchtigen und Ihre Lebensmittel verderben kann.

- Verwenden Sie niemals alte Deckel wieder, auch wenn sie in gutem Zustand zu sein scheinen.

- Bei der Auswahl der Rezepte sollten Sie sich am besten an die beliebten/bekannten Rezepte halten, da sie nachweislich sicher sind.

- Ersetzen Sie nicht die im Rezept empfohlene Glasgröße oder Anzahl der Zutaten.

- In den meisten Rezepten ist angegeben, wie viel Platz Sie im Glas lassen sollten. Befolgen Sie immer die Anweisungen.

Ablage

Nachdem Sie Ihre Lebensmittel sorgfältig zubereitet und eingemacht haben, sollten Sie noch einige Sicherheitsmaßnahmen beachten.

- Beschriften und datieren Sie immer alle Gläser vor der Lagerung

- Stellen Sie Ihre Gläser immer an einen dunklen, kühlen und trockenen Ort.

- Sobald Sie ein Glas zum Verzehr geöffnet haben, sollten Sie die Reste im Kühlschrank aufbewahren.

- Wenn Sie Meeresfrüchte in Dosen eingemacht und sich entschieden haben, sie zu öffnen, kühlen Sie sie sofort und werfen Sie sie 3 Tage nach dem Öffnen weg.

- Um die beste Qualität zu erhalten, verbrauchen Sie alle in Dosen oder Flaschen abgefüllten Lebensmittel innerhalb eines Jahres.

Kapitel 4: Wie Sie Ihre Gläser aufbewahren

Sie müssen immer ein sauberes, sterilisiertes Glas verwenden, bevor Sie mit dem Einmachen beginnen. Wenn Sie ein Glas reinigen, stellen Sie sicher, dass die Lebensmittel, die eingemacht werden, lange haltbar sind, und entfernen und zerstören gleichzeitig alle Bakterien, Hefen oder Pilze, die sich im Glas befinden könnten. Das Sterilisieren der Gläser geht schnell und einfach und sollte niemals übersprungen werden.

Reinigung und Vorbereitung des Gefäßes

Als Erstes sollten Sie das Glas, das nicht erhitzt wird, einfach mit heißem Wasser und Spülmittel waschen. Sie können es entweder mit der Hand oder in der Spülmaschine waschen, beides funktioniert gut. Achten Sie darauf, dass Sie das Spülmittel gründlich ausspülen, denn Rückstände können dazu führen, dass sich Ihre Lebensmittel verfärben und ihren Geschmack beeinträchtigen. Beachten Sie, dass dies eine Vorwärmmethode ist, um die Gläser zu sterilisieren, und die Gläser nicht wirklich sterilisiert.

Sterilisieren der leeren Glasbehälter

Das Sterilisationsverfahren dauert etwa dreißig Minuten und ist leicht zu handhaben. Es gibt drei Methoden, die Sie zum Sterilisieren Ihrer Gläser verwenden können. Dies ist ein notwendiger Teil des Einmachens und sollte nicht übersprungen werden.

Der Backofen

Die Sterilisationsmethode im Ofen ist wahrscheinlich die am häufigsten angewandte Technik. Umwickeln Sie die beiden Einlegeböden in Ihrem Ofen mit zwei Lagen Zeitungspapier. Achten Sie darauf, dass die Gläser im Bereich des Kopfraums genügend Platz haben, so dass das Glas nicht die Oberseite des Ofens berührt, und dasselbe gilt für den unteren Teil des Ofens.

Heizen Sie den Ofen auf eine maximale Temperatur von 275 Grad auf. Wenn Sie versuchen, den Ofen noch heißer als die empfohlene Temperatur zu machen, riskieren Sie, dass die Gläser im Ofen zerbrechen. Stellen Sie die sauberen Gläser in den Backofen auf die

Einlegeböden. Achten Sie darauf, dass die Gläser ihren eigenen Platz haben und sich nicht gegenseitig berühren.

Lassen Sie die Gläser zwanzig bis dreißig Minuten im Ofen. Um die Gläser aus dem Ofen zu nehmen, solltest du sehr dicke Ofenhandschuhe benutzen und die Gläser herausnehmen und auf ein Schneidebrett stellen.

Abwaschwasser-Methode

Sie können diese Technik nur anwenden, wenn Sie einen Geschirrspüler haben, der eine hohe Temperatur erreichen kann. Stellen Sie die sauberen Gläser in den Geschirrspüler und lassen Sie genügend Platz, damit sich die Gläser nicht berühren.

Sie sollten den Geschirrspüler so lange laufen lassen, wie Sie brauchen, um Ihre Lebensmittel zuzubereiten. Wenn Sie z. B. grüne Bohnen einmachen, sollten Sie die grünen Bohnen bei hoher Temperatur kochen (heiße Verpackung), und bis die grünen Bohnen fertig sind, sollten Sie die Gläser nicht aus dem Geschirrspüler nehmen, weil die Gläser abkühlen, bevor Sie sie mit den vorbereiteten grünen Bohnen füllen können.

Mikrowellen-Methode

Ich weiß, dass ich gesagt habe, dass man die Mikrowelle niemals beim eigentlichen Einmachprozess verwenden soll, aber man kann sie zum Sterilisieren eines Glases verwenden. Diese Technik eignet sich am besten, wenn Sie nur ein Glas vorbereiten und eine schnelle Methode zum Sterilisieren Ihres Glases benötigen. Um diese Methode anzuwenden, müssen Sie die sauberen Gläser in die Mikrowelle stellen, aber die Gläser müssen ein wenig feucht sein.

Erhitzen Sie die Gläser in der Mikrowelle auf höchster Stufe für 30-45 Sekunden. Ich würde diese Methode nur für ein Glas anwenden, weil Sie sicherstellen wollen, dass die Hitze gleichmäßig verteilt wird. Ein weiterer wichtiger Punkt ist, dass Sie darauf achten, dass Ihr Timing mit den Lebensmitteln, die Sie einmachen wollen, übereinstimmt, besonders wenn Sie heiß verpacken.

Sterilisationserinnerungen und andere Erwähnungen

Versuchen Sie, beim Sterilisieren der Gläser noch einen Schritt weiter zu gehen, z. B. indem Sie die Reinigungsmethode vor dem Erhitzen mehrmals wiederholen, bevor Sie die Gläser mit Hitze sterilisieren.

Legen Sie den Zeitpunkt des Sterilisierens auf die Lebensmittel, die Sie einmachen wollen, um sicherzustellen, dass die Gläser nicht zu kalt werden.

Füllen Sie niemals heiße Lebensmittel in ein kühles Glas, da das Glas sonst zerbricht. Umgekehrt sollte man keine kalten Lebensmittel in heiße Gläser geben.

Tiegel-Verpackung

Da ich erwähnt habe, wie man die Backe nach dem Sterilisieren füllt, dachte ich, es wäre eine gute Idee und eine Hilfe für Sie, wenn ich im Detail darauf eingehe, wie man ein Glas verpackt, wenn man mit dem Reinigen und Sterilisieren fertig ist und die Lebensmittel in das Glas gegeben werden können.

Rohpackung

Wenn Sie Lebensmittel oder Früchte roh verpacken, sollten Sie sie mit einem heißen Zuckersirup oder Saft bedecken. Sie wollen keine kalten Lebensmittel in ein heißes Glas geben. Ein weiterer Schritt beim Rohverpacken ist es, darauf zu achten, dass zwischen den Lebensmitteln und dem oberen Rand der Dose genügend Freiraum bleibt. Dieser Raum ermöglicht das Sprudeln und verhindert, dass die Lebensmittel während des Einmachvorgangs aus der Dose überlaufen. In den meisten Rezepten werden unterschiedliche Maße für den Freiraum angegeben, die normalerweise zwischen 1/8 und ½ Zoll liegen.

Heiß-Verpackung

Bei der Heißabfüllung erhitzen Sie das Lebensmittel in kochend heißem Wasser, bevor Sie es in das Glas geben, und füllen es dann in das sterilisierte Glas. Außerdem müssen Sie darauf achten, dass Sie den im Rezept geforderten Freiraum lassen.

Nachdem du dein Lebensmittel mit einem Trichter in ein Glas gefüllt hast (um ein Durcheinander zu vermeiden), musst du die Luftblasen loswerden, die nur eingeschlossene Luft sind. Nehmen Sie entweder einen Holz- oder einen Gummispatel und fahren Sie damit durch das Glas, bis Sie keine Luftblasen mehr sehen können. Vermeiden Sie es, einen Metallspatel zu verwenden, vor allem, wenn Sie Lebensmittel einmachen, die sehr säurehaltig sind, denn dann löst sich ein Teil des Metalls im Glas ab, was zu einer Verunreinigung Ihrer Lebensmittel führen kann.

Wenn alle Luftblasen verschwunden sind, säubern Sie die Oberseite des Deckels mit einem sauberen Waschlappen. Setzen Sie den Deckel auf das Glas, schrauben Sie den Rand fest und achten Sie darauf, dass der Deckel in der Mitte des Glases sitzt. Jetzt ist Ihr Glas bereit für die Wasser- oder Druckkonservenmaschine.

Abkühlen lassen der Gläser

Nachdem Sie die Gläser aus dem Einmachglas genommen haben, sollten Sie auf keinen Fall versuchen, die Deckel wieder zu verschließen, da dies zu einem Versagen der Dichtung führen könnte, was den gesamten Einmachprozess ruinieren würde. Achten Sie darauf, dass Sie die Gläser bei Raumtemperatur abkühlen lassen und nicht versuchen, sie in den Kühlschrank oder das Gefrierfach zu stellen, um die Abkühlgeschwindigkeit zu erhöhen.

Das Siegel Finden

Hier werden wir darüber sprechen, wie Sie feststellen können, ob Sie die Gläser richtig versiegelt haben, was sehr wichtig ist. Wenn das Glas nicht versiegelt ist, sind Ihre Lebensmittel nicht vor Mikroorganismen geschützt, die Ihre Konserven schließlich verderben werden.

Prüfung auf ein Siegel

Es gibt mehrere Möglichkeiten, wie Sie prüfen können, ob Ihr Glas erfolgreich versiegelt wurde. Eine Sache, an die Sie denken müssen, ist, dass Sie abwarten sollten, bis das Glas zwölf bis vierundzwanzig Stunden abgekühlt ist.

- Die erste Methode, die Sie anwenden können, ist die Verwendung Ihres Daumens. Nehmen Sie Ihren Daumen und drücken Sie auf die Mitte des Deckels. Die Mitte des

Deckels sollte sich nicht bewegen, und wenn die Mitte des Deckels nachgibt oder der Deckel wieder nach oben springt, ist dies ein Zeichen dafür, dass er nicht versiegelt ist.

● Die zweite Testmethode ist die Verwendung eines Teelöffels und Ihrer Ohren. Nehmen Sie den Metalllöffel und klopfen Sie auf den Deckel. Wenn Ihr Glas richtig versiegelt ist, sollte es beim Klopfen ein hohes, klingendes Geräusch von sich geben. Jedes andere Geräusch ist ein Hinweis darauf, dass das Glas nicht richtig verschlossen ist.

● Bei der dritten Methode benutzen Sie Ihre Augen. Nehmen Sie das gekühlte Glasgefäß in die Hand und halten Sie es so, dass Sie den Boden des Deckels im Glas sehen können. Die Mitte des Deckels sollte eine Wölbung aufweisen und nicht flach sein. Diese Methode ist nicht so genau wie die ersten beiden Methoden.

Hinweis: Während der Abkühlphase des Einmachvorgangs hören Sie möglicherweise ein Knallgeräusch aus den Gläsern. Das ist ein tolles Geräusch, das anzeigt, dass ein Vakuumeffekt eintritt und die Mitte des Deckels nach unten drückt, wodurch eine Dichtung entsteht.

<u>Was ist zu tun, wenn Ihr Glas nicht versiegelt ist?</u>

Wenn sich Ihre Gläser nicht verschließen lassen, ist es gut, dass Sie die Lebensmittel nicht wegwerfen müssen. Aber leider müssen Sie die Konserven wieder aufbereiten.

Prüfen Sie zunächst, ob das Glas selbst die Ursache für das Versagen des Siegels ist. Überprüfen Sie das Glas sorgfältig und stellen Sie sicher, dass das Glas keine Risse oder schwache Kerben aufweist; ist dies der Fall, werfen Sie das Glas weg und verwenden Sie ein anderes. Auch wenn Ihr Glas in Ordnung ist, müssen Sie den gesamten Einmachvorgang innerhalb von vierundzwanzig Stunden wiederholen.

Kapitel 5: Obst und Gemüse

Dosenkürbis

Zubereitungszeit: 35 Minuten

Kochzeit: 40 Minuten

Portionen: 3-Quart-Gläser

Zutaten

- 1 lb. Tortenkürbisse
- Wasser

Wegbeschreibung

1. Schneiden Sie zunächst den Stiel heraus, als ob Sie den Kürbis zum Biegen verwenden wollten, und schneiden Sie ihn dann in 4 gleich große Stücke.

2. Die Kerne herauskratzen und den Kürbis mit einem Messer schälen. Schneiden Sie den Kürbis in 1-Zoll-Würfel.

3. Danach die Kürbiswürfel in einen großen Topf geben und mit Wasser auffüllen, bis der Kürbis gerade bedeckt ist.

4. Den Kürbis und das Wasser 2 Minuten lang zum Kochen bringen. Die Kürbisstücke vorsichtig in Gläser füllen und darauf achten, dass sie nicht zerdrückt werden.

5. Füllen Sie die Gläser mit der Kochflüssigkeit und lassen Sie einen Freiraum von 1 Zoll. Wischen Sie die Ränder der Gläser mit einem sauberen, feuchten Tuch ab.

6. Danach die Deckel und Ringe auf die Gläser setzen und sie in den Druckkonservierer stellen.

7. Verarbeiten Sie die Gläser bei 15 Pfund Druck 90 Minuten lang für Quart-Gläser und 55 Minuten für Pint-Gläser.

8. Warten Sie, bis der Druck im Dosenöffner auf Null gesunken ist, bevor Sie die Gläser herausnehmen.

Ernährung: 49 kcal

Zubereitungszeit: 35 Minuten

Kochzeit: 45 Minuten

Portionen: 2-Pint-Gläser

Zutaten

- 2 lb. scharfe Paprika
- Salz

Wegbeschreibung

1. Tragen Sie Gummihandschuhe an den Händen, um ein brennendes Gefühl zu vermeiden.

2. Sortieren Sie die Paprika und wählen Sie frische und feste Paprika aus, um ein optimales Ergebnis zu erzielen.

3. Die Paprikaschoten waschen und in einer Lage auf ein mit Backpapier ausgelegtes Blech legen.

4. Im Grill 5-10 Minuten grillen und dabei einmal umdrehen.

5. Die Paprikaschoten in einen Zip-Lock-Beutel geben und fest verschließen. 10 Minuten ruhen lassen und dann aus dem Beutel nehmen. Reiben Sie die Haut der Paprika so weit wie möglich ab.

6. Schneiden Sie die Köpfe ab, kratzen Sie die Kerne heraus und schneiden Sie die Paprikaschoten in zwei Teile oder in Größen, die in das Glas passen.

7. Die Paprikaschoten in die Gläser füllen und einen halben Esslöffel Salz in jedes Glas geben. Jedes Glas mit kochendem Wasser auffüllen und einen Zentimeter Abstand lassen.

8. Wischen Sie die Ränder ab, schließen Sie die Deckel und setzen Sie die Ringe auf. Die Gläser 35 Minuten lang bei 10 Pfund Druck verarbeiten.

9. Warten Sie, bis der Scanner drucklos ist, bevor Sie die Gläser herausnehmen.

Ernährung: 6 kcal

Brokkoli aus der Dose

Zubereitungszeit: 35 Minuten

Kochzeit: 33 Minuten

Portionen: 4-Pint-Gläser

Zutaten

- 4 lb. frischer Brokkoli
- Kochsalz
- Wasser

Wegbeschreibung

1. Weichen Sie den Brokkoli ein und waschen Sie ihn dann gründlich, um allen Schmutz zu entfernen, der sich im Kopf befinden könnte.

2. Schneiden Sie den Kopf in 2-Zoll-Stücke und entsorgen Sie die Stiele. Sie können die Stiele auch einmachen, wenn Sie möchten.

3. Den Brokkoli in kochendes Wasser geben und 3 Minuten kochen lassen.

4. Verwenden Sie einen Schaumlöffel, um den Brokkoli in sterilisierte Gläser zu füllen, und geben Sie dann das heiße Wasser in jedes Glas, wobei Sie einen Abstand von 1 Zoll lassen. Lassen Sie alle Luftblasen in den Gläsern entweichen und fügen Sie bei Bedarf Wasser hinzu.

5. Geben Sie 1 Esslöffel Einmach-Salz in jedes Glas und wischen Sie die Ränder mit einem sauberen Handtuch ab. Die Deckel und Ringe anbringen und die Gläser in den Druckkonservierer stellen.

6. Verarbeiten Sie die Gläser 30 Minuten lang bei 10 Pfund. Lassen Sie den Druck im Einmachglas abfallen, bevor Sie die Gläser herausnehmen.

7. Lassen Sie die Gläser über Nacht stehen und lagern Sie sie an einem kühlen, trockenen Ort.

Ernährung: 8 kcal

Druckkonserven-Kartoffeln

Zubereitungszeit: 35 Minuten

Kochzeit: 40 Minuten

Portionen: 7-Quart-Gläser

Zutaten

- 6 lb. weiße Kartoffeln
- Kochsalz

Wegbeschreibung

1. Waschen Sie die Gläser gründlich aus und stellen Sie sie in einen kalten Ofen. Erhitze ihn auf 250°F.

2. In der Zwischenzeit das Wasser in einem Topf zum Kochen bringen. Füllen Sie auch den Druckkonservenbehälter mit 10 cm Wasser und stellen Sie ihn auf mittlere Hitze.

3. Die Kartoffeln schälen und in 5 cm große Stücke schneiden.

4. Geben Sie einen Esslöffel Salz in jedes Einmachglas und füllen Sie die Kartoffeln mit einem Abstand von 1 Zoll ein. Das kochende Wasser in jedes Glas gießen und dann mit einem Einmachmesser die Luftblasen aus den Gläsern entfernen.

5. Wischen Sie die Ränder der Gläser ab und legen Sie dann die Deckel und Ringe auf die Gläser. Danach die Gläser in den Druckkonservierer stellen und den Deckel gemäß den Anweisungen des Herstellers befestigen.

6. Verarbeiten Sie die Gläser bei 10 Pfund für 40 Minuten und 35 Minuten für Grubengläser.

7. Schalten Sie den Herd aus und lassen Sie den Druck im Einkocher abfallen, bevor Sie die Gläser herausnehmen. Die Gläser 24 Minuten lang ungestört auf ein Handtuch stellen.

8. An einem kühlen, trockenen Ort aufbewahren.

Ernährung: 108 kcal

Glatte Rote Bete aus der Dose

Zubereitungszeit: 35 Minuten

Kochzeit: 40 Minuten

Portionen: 3-Quart-Gläser

Zutaten

- 1 Pfund Rote Bete
- Wasser
- Pökelsalz

Wegbeschreibung

1. Schneiden Sie die Spitzen der Rüben ab, so dass eine zentimetergroße Spitze übrig bleibt. Lassen Sie auch die Wurzeln an den Rüben.

2. Waschen Sie die Rüben gründlich mit klarem Wasser und geben Sie sie dann in einen Topf.

3. Die Rüben mit Wasser bedecken und 15-25 Minuten kochen lassen, bis sich die Haut leicht lösen lässt.

4. Nehmen Sie die Rüben aus dem heißen Wasser und lassen Sie sie etwas abkühlen, so dass Sie sie festhalten können. Sie sollten zumindest warm sein, wenn sie in das Glas gegeben werden.

5. Den restlichen Stiel und die Wurzeln abschneiden und die Rüben schälen.

6. Schneiden Sie die Rüben in große Scheiben und lassen Sie die kleinen Scheiben ganz. Die Rüben in Gläser füllen und einen Abstand von einem Zentimeter lassen.

7. Geben Sie einen halben Esslöffel Salz in jedes Glas und fügen Sie dann kochendes Wasser in jedes Glas.

8. Entfernen Sie alle Luftblasen im Glas und wischen Sie die Ränder mit einem sauberen Tuch ab.

9. Die Deckel und Ringe aufsetzen. Verarbeiten Sie die Gläser 30 Minuten lang bei 10 Pfund.

10. Lassen Sie den Druck im Dosenöffner auf Null abfallen, bevor Sie die Gläser herausnehmen.

Ernährung: 58 kcal

Karamellisierte Zwiebeln aus der Dose

Zubereitungszeit: 35 Minuten

Kochzeit: 10 Stunden und 70 Minuten

Bearbeitungszeit: 70 Minuten

Portionen: 6-Pint-Gläser

Zutaten

- 6 lb. Zwiebeln
- 2 Stück Butter
- Wasser

Wegbeschreibung

1. Die Zwiebeln schälen und ebenfalls in 1/4-Zoll-Scheiben schneiden.

2. 1 Stück Butter im Suppentopf bei starker Hitze schmelzen und die gewürfelten Zwiebeln hinzufügen.

3. Eine weitere Stange Butter über den Zwiebeln verteilen. Eine Stunde lang auf höchster Stufe kochen, bis die Butter geschmolzen ist und die Zwiebeln ein wenig schwitzen.

4. Die Hitze reduzieren und 10 Stunden oder über Nacht unter gelegentlichem Rühren kochen lassen. Die Zwiebeln sollten goldbraun und gut karamellisiert sein.

5. Füllen Sie die Zwiebeln in die sterilisierten, heißen Gläser und entfernen Sie dann alle Luftblasen. Wischen Sie auch die Ränder der Gläser mit einem feuchten Tuch ab.

6. Setzen Sie den Deckel und die Ringe auf die Gläser und verarbeiten Sie sie bei 10 Pfund Druck für 70 Minuten.

7. Nehmen Sie den Druckkonservenbehälter vom Herd und lassen Sie den Druck auf Null sinken, bevor Sie die Gläser herausnehmen.

Ernährung: 178 kcal

Preiselbeeren

Zubereitungszeit: 20 Minuten

Kochzeit: 20 Minuten

Portionen: 4 Esslöffel

Zutaten

- 24 Unzen Preiselbeeren
- 1 Teelöffel Piment
- 2 Zimtstangen
- 3 Tassen Zucker
- 3 Tassen Apfelessig
- 1/4 Teelöffel Wacholderbeeren
- 1/2 Teelöffel schwarze Pfefferkörner
- 1/2 Teelöffel Nelken

Wegbeschreibung

1. Waschen Sie zunächst die Cranberries und entfernen Sie alle schlechten Cranberries oder Stiele. In einem Topf bei mittlerer Hitze Zucker und Essig vermischen und zum Kochen bringen. Die Zimtstangen hinzugeben. Piment, Wacholderbeeren, Pfefferkörner und Nelken in einen Gewürzbeutel geben. Das Säckchen in die Salzlake legen. Sobald die Salzlake kräftig zu kochen beginnt, die Cranberries hinzugeben und umrühren. 7 Minuten lang kochen lassen. Nach dem Kochen vom Herd nehmen und das Gewürzsäckchen und die Zimtstangen herausnehmen. Beide Zimtstangen halbieren und beiseite stellen. Mit einem Schaumlöffel die Cranberries aus der Salzlake nehmen und in Gläser füllen. Die Salzlake über die Cranberries gießen. Lassen Sie oben in den Gläsern etwa einen halben Zentimeter Platz. In jedes Glas eine halbe Zimtstange stecken. Reinigen Sie die Ränder und Deckel und befestigen Sie sie auf den Gläsern. Die Gläser 10 Minuten lang in ein kochendes Wasserbad stellen. Die Gläser herausnehmen und auf einem Geschirrtuch zum Abkühlen auf die Theke stellen. Sobald sie abgekühlt sind, bewahren Sie sie im Kühlschrank auf. Lassen Sie sie 24 Stunden lang stehen, bevor Sie sie essen.

Ernährunge: Kalorien: 25 Kal; Fett: 0,07 g; Kohlenhydrate: 6,6 g; Eiweiß: 0,25 g

Orangenmarmelade

Zubereitungszeit: 20 Minuten

Kochzeit: 30 Minuten

Portionen: 4 Esslöffel

Zutaten

- 2 große Zitronen
- 5 Tasse Zucker
- 4 mittelgroße Orangen
- 1-1/2 c. Wasser
- 1/8 Teelöffel Backpulver
- 13 oz. Pektin
- 1/2 Teelöffel Butter

Wegbeschreibung

1. Erhitzen Sie die Gläser in dem abgekochten Wasser, um sie zu sterilisieren. Waschen Sie auch die Deckel mit warmem Wasser.

2. Schäle die Zitronen und Orangen. Schneiden Sie sie in dünne Scheiben und geben Sie sie in Backpulver mit Wasser in einen Topf. 20 Minuten lang kochen lassen und den Topf abdecken. Das Fruchtfleisch entfernen, die Früchte zerkleinern und den Saft auffangen. Geben Sie die Früchte und den Saft in die Mischung und kochen Sie sie 10 Minuten lang. Bedecken Sie es.

3. Die Fruchte mit der Limette und dem Zucker in einem Topf vermischen und bei Bedarf Butter oder Margarine zum Aufschäumen hinzufügen. Die Mischung auf großer Flamme unter häufigem Rühren erhitzen.

4. Das Pektin sofort nach dem Ausdrücken der Mischung aus dem Beutel zugeben. Unter ständigem Rühren 1 Minute lang weiter kochen. Vom Herd nehmen und den Schaum abschöpfen.

5. Die Konfitüre in sterilisierte Gläser füllen. Die Deckel fest verschließen.

6. Verarbeiten Sie sie 10 Minuten lang mit kochendem Wasser.

Ernährung: Kalorien: 110 kcal; Fett: 0 g; Kohlenhydrate: 13 g; Eiweiß: 0,5 g

Dosen-Fiddleheads

Zubereitungszeit: 35 Minuten

Kochzeit: 60 Minuten

Portionen: 1-Pint-Glas

Zutaten

- 2 Tassen Fiddleheads
- 1/2 Tasse Wasser
- 1/2 Tasse weißer Essig
- 1 Esslöffel Salz
- 1/2 Esslöffel Pfefferkörner
- 1/2 Esslöffel Fenchel
- 1/2 Esslöffel Koriander
- 1 Zweig Thymian
- 3 Knoblauchzehen

Wegbeschreibung

1. Schneiden Sie die abgeschnittenen Enden ab und kochen Sie die Fiddleheads 10 Minuten lang in Salzwasser.
2. Die Fiddleheads abseihen und mit klarem Wasser abspülen. Die Fiddleheads in die Gläser füllen und einen Freiraum von einem Zentimeter lassen.
3. Geben Sie die Gewürze direkt in die Gläser auf die Fiddleheads.
4. Wasser, Essig und Salz in einem Topf aufkochen und über die Fiddleheads gießen.
5. Die Ränder abwischen, dann die Deckel und die Ringe auf die Gläser setzen. Danach die Gläser in den Druckkonservenbehälter stellen und 10 Minuten lang bei 10 Pfund Druck verarbeiten.

Ernährung: 22 kcal

Mandarinenmarmelade

Zubereitungszeit: 20 Minuten

Kochzeit: 20 Minuten

Portionen: 4 Esslöffel

Zutaten

- 1/2 Teelöffel Vanilleextrakt
- 5-1/2 Tasse Zucker
- 12 oz. Mandarinen
- 3 lbs. Kumquats
- 1/2 Tasse Vanilleschote

Wegbeschreibung

1. Die Früchte halbieren und das Fruchtfleisch und die Haut entfernen. Schneiden Sie sie in dünne Scheiben. Dies ergibt 2 Tassen Kumquat-Schalen.

2. Die Schale der Mandarinen mit einem feinmaschigen Sparschäler entfernen, dabei auf die dünne Haut der Mandarinen achten.

3. Die Schale der Mandarinen abschneiden und die Frucht in zwei Hälften teilen. Die Mandarinensegmente in eine Schüssel geben. Das Fruchtfleisch in einer separaten Schüssel auffangen.

4. Die Kumquatscheiben mit dem Saft, den Mandarinenschalen, dem Fruchtfleisch der Mandarinen, dem Zucker und dem Wasser vermischen. Aufkochen, die Hitze von mittlerer auf niedrige Stufe reduzieren und die Mischung etwa 15 Minuten lang kochen lassen. Die Flamme ausschalten.

5. Nehmen Sie einen großen Topf mit Wasser und bringen Sie es zum Kochen. Stellen Sie die Gläser mit den Deckeln hinein. Gießen Sie die heiße Marmelade in diese sterilisierten Gläser. Verschließen Sie die Gläser fest mit den Deckeln und lassen Sie sie abkühlen.

Ernährung: Kalorien: 30 Kcal; Fett: 0 g; Kohlenhydrate: 7 g; Eiweiß: 0 g

Erdbeer-Zitronen-Marmelade

Zubereitungszeit: 20 Minuten

Kochzeit: 20 Minuten

Portionen: 4 Esslöffel

Zutaten

- 6 Tasse Zucker
- 1 Esslöffel Limette
- 1/4 Tasse geschälte und in Scheiben geschnittene Zitronen
- 6 Esslöffel klassisches Pektin
- 4 Tassen zerdrückte Erdbeeren

Wegbeschreibung

1. Bereiten Sie die Einmachgläser vor. Erhitzen Sie die Gläser mit kochendem Wasser. Koche sie nicht. Waschen Sie die Deckel mit heißer Seifenlauge.

2. Die Zitronenschalen in einem Topf mit Wasser vermischen. Die Pfanne abdecken. Die Mischung bei mittlerer Flamme etwa 5 Minuten kochen, bis die Schale weich wird. Die Flüssigkeit abgießen.

3. Nun die Limette und die Erdbeeren zur Zitronenschale geben und mischen. Langsam das Pektin einrühren. Die Mischung auf großer Flamme unter gelegentlichem Rühren erhitzen.

4. Zucker hinzugeben und rühren, bis er sich auflöst. Die Mischung eine Minute lang unter ständigem Rühren kochen lassen. Die Flamme entfernen und bei Bedarf den Schaum abschöpfen.

5. Die Konfitüre mit einer Schöpfkelle in sterilisierte Gläser füllen. Die Gläser mit Deckeln verschließen und versiegeln.

6. Die Gläser etwa 10 Minuten lang in einem Topf mit kochendem Wasser einkochen lassen. Die Gläser herausnehmen und abkühlen lassen.

Ernährunge: Kalorien: 31,5 Kcal; Fett: 0 g; Kohlenhydrate: 8,1 g; Eiweiß: 0,2 g

Drei-Zitrus-Marmelade

Zubereitungszeit: 20 Minuten

Kochzeit: 45 Minuten

Portionen: 4 Esslöffel

Zutaten

- 3 große Zitronen
- 6 Tasse Zucker
- 4 mittelgroße Nabel-Orangen
- 2 rosa Grapefruits
- 4 Tasse pochierte Schalenflüssigkeit

Wegbeschreibung

1. Waschen Sie die Früchte gründlich und lassen Sie sie trocknen. Mit dem Sparschäler die Schale von den Früchten entfernen. Schneiden Sie die Schale mit Hilfe von feinem Konfetti in Streifen. Die Schale in einem Topf mit 6 Tassen Wasser vermischen. Auf kleiner Flamme zum Kochen bringen und 30 Minuten lang köcheln lassen.

2. Während die Schale kocht, schneiden Sie das weiße Mark der Früchte ab und trennen Sie die Schalen.

3. Die Schale abtropfen lassen und die Flussigkeit zum Kochen aufheben.

4. Nehmen Sie einen großen Edelstahltopf, geben Sie die Schale mit den Zitrusfrüchten hinein, 6 Tassen Zucker, 4 Tassen Flüssigkeit aus der Schale und eine Gaze-Rolle. Aufkochen und sofort kochen, wenn die Mischung auf 220 Grad erhitzt wird.

5. Rühren Sie sie um, bevor Sie die Flamme entfernen, damit sich die Schale gleichmäßig in der Marmelade verteilt.

6. Die heiße Marmelade in die sterilisierten Gläser gießen. Die Luftblase entfernen und die Gläser mit Deckeln verschließen.

7. Die Gläser etwa 10 Minuten lang in einem Topf mit kochendem Wasser einkochen lassen. Lassen Sie sie abkühlen.

Ernährung: Kalorien: 30 Kcal; Fett: 0 g; Kohlenhydrate: 8 g; Eiweiß: 0 g

Kapitel 6: Bohnen und Hülsenfrüchte

Zubereitungszeit: 15 Minuten

Kochzeit: 35 Minuten

Portionen: 8

Zutaten

- 1 Teelöffel Pflanzenöl
- 1 Zwiebel, gewürfelt
- 3 Stück gehackter Knoblauch
- Quinoa ¾ Tasse
- Gemüsesuppe 1 1 Tasse
- 1 Teelöffel gemahlener Kreuzkümmel
- Etwa 1 Teelöffel Salz und schwarzer Pfeffer
- 1 Tasse gefrorener Mais
- 2 Dosen schwarze Bohnen
- ½ Tasse frisch gehackter Koriander

Wegbeschreibung

1. Zunächst das Öl bei mittlerer Hitze in einem Topf erhitzen und unter Rühren etwa 10 Minuten lang braten, bis es leicht gebräunt ist.

2. Mit Gemüsebrühe bedecken; mit Kreuzkümmel, Cayennepfeffer, Salz und Pfeffer würzen. Die Mischung zum Kochen bringen. Zudecken, die Hitze reduzieren und etwa 20 Minuten lang kochen, bis die Quinoa weich ist und die Brühe aufgesogen wurde.

3. Gefrorenen Mais in den Topf geben und etwa 5 Minuten lang köcheln lassen, bis er vollständig erhitzt ist; schwarze Bohnen und Koriander untermischen.

Ernährung: 1660 kcal

Grüne Bohnen aus der Dose mit Dill

Zubereitungszeit: 15 Minuten

Kochzeit: 20 Minuten

Portionen: 4 Esslöffel

Zutaten

- 5 Tassen Wasser
- 5 Tassen Apfelessig
- 1/2 Tasse Pökelsalz
- Knoblauch
- Dillsamen
- Senfsaat
- Rote Paprikaflocken
- 4 Pfund gelbe oder grüne Bohnen

Wegbeschreibung

1. Wasser mit Pökelsalz und Essig zu einer Salzlake aufkochen.
2. 1/2 Teelöffel Dillsamen, 1/4 Teelöffel rote Paprikaflocken, 1 Knoblauchzehe und 1/2 Teelöffel Senfkörner in jedes Glas geben.
3. Die Bohnen dicht verpackt in die Gläser füllen; oben einen Zentimeter Platz lassen.
4. Die kochende Salzlake über die Bohnen bis zum oberen Rand des Glases gießen.
5. Verschließen Sie die Deckel und legen Sie sie in einen Druckbehälter.
6. Auf ein Gestell im Schnellkochtopf stellen und bis knapp unter die Ringe der Gläser mit heißem Wasser füllen.
7. Schließen und bis zum Sieden erhitzen, dann den beschwerten Druckmesser auf den Dosenöffner legen und die Hitze reduzieren.
8. Bei 11 psi 5 bis 10 Minuten lang verarbeiten.
9. Auf Zimmertemperatur abkühlen lassen.

Ernährung: Kalorien: 60 Kcal; Fett: 0 g; Kohlenhydrate: 0 g; Eiweiß: 1,1 g

Erbsensuppe

Zubereitungszeit: 15 Minuten

Kochzeit: 90 Minuten

Portionen: 2

Zutaten

- 1 Pfund gelbe, trockene Spalterbsen
- 2 Esslöffel Wasser
- 4 Teelöffel Limettensaft
- 3/4 Tassen geschälte und in Scheiben geschnittene Möhren
- 1 Tasse geschälte und gehackte Zwiebeln
- 2 Knoblauchzehen, geschält, gehackt
- 1/2 Teelöffel Cayennepfeffer
- 1 Teelöffel Kreuzkümmel und Koriander
- 1 Teelöffel Salz
- Optional: 1 Teelöffel Zucker

Wegbeschreibung

1. Das Wasser mit den Spalterbsen in einem großen Topf zum Kochen bringen. Ohne Deckel leicht köcheln lassen, bis die Erbsen weich sind; das dauert etwa eine Stunde. Die restlichen Zutaten zugeben und weitere 30 Minuten köcheln lassen. Prüfen Sie die Konsistenz und verdünnen Sie das Wasser, falls nötig. In Gläser füllen und einen Freiraum von 1 Zoll lassen. Eine Kappe aufsetzen und verschließen. In einen Einkochapparat mit 2 bis 3 Zoll heißem Wasser geben und 90 Minuten lang bei hohem Druck einkochen lassen.

Ernährung: Kalorien: 158 kcal; Fett: 2,8 g; Kohlenhydrate: 26 g; Eiweiß: 8,3 g

Fünf-Bohnen-Medley

Zubereitungszeit: 15 Minuten

Kochzeit: 90 Minuten

Portionen: 6 Esslöffel

Zutaten

- 12 Tassen heißes Wasser
- 3 Tassen getrocknete Pinto-Bohnen (16 Unzen)
- 2-1/2 Tassen getrocknete Kidneybohnen (16 Unzen)
- 2-1/4 Tassen getrocknete schwarze Bohnen (16 Unzen)
- 2-1/4 Tassen getrocknete Spalterbsen (16 Unzen)
- 2-1/2 Tassen getrocknete große nördliche Bohnen (16 Unzen)
- 7 Teelöffel grobes Meersalz (optional)

Wegbeschreibung

1. Das Wasser in den Suppentopf geben und bei starker Hitze zum Kochen bringen.

2. Spülen und reinigen Sie die getrockneten Bohnen gründlich und werfen Sie alle verunstalteten oder verschrumpelten Bohnen sowie Steine und Ablagerungen weg.

3. Fügen Sie gegebenenfalls 1 Teelöffel Salz pro Quartglas oder ½ Teelöffel Salz pro Pintglas hinzu, bevor Sie die getrockneten Bohnen einfüllen.

4. Mit einer Schöpfkelle und einem Trichter 1½ Tassen saubere getrocknete Bohnen in jedes Quartglas und ¾ Tasse in jedes Pint-Glas füllen. Dann schöpfen Sie das heiße Wasser über die Bohnen, wobei Sie einen Freiraum von 1 Zoll lassen. Entfernen Sie die Luft mit einem Luftblasenentferner und passen Sie den Luftraum bei Bedarf mit zusätzlichem Wasser an, um den Luftraum von 1 Zoll zu erhalten.

5. Tauchen Sie einen warmen Waschlappen in destillierten weißen Essig und wischen Sie die Ränder der Gläser ab. Setzen Sie jeweils einen Deckel und ein Glas auf und verschließen Sie es.

6. Stellen Sie die Gläser in den Druckkonservenbehälter, legen Sie den Deckel auf und lassen Sie sie bei starker Hitze kochen. Sie können etwa 10 Minuten lang entlüften. Verschließen Sie die Entlüftung und erhitzen Sie weiter, bis Sie einen Messwert von 11 PSI und einen gewogenen Wert von 10 PSI erreicht haben. Verarbeiten Sie Quart-Gläser 90 Minuten lang und Pint-Gläser etwa 75 Minuten lang.

Ernährung: Kalorien: 120 kcal; Fett: 1 g; Kohlenhydrate: 22 g; Eiweiß: 8 g

Marinierte Fava-Bohnen

Zubereitungszeit: 15 Minuten

Kochzeit: 25 Minuten

Portionen: 2

Zutaten

- 1-1/2 Pfund Favabohnen
- 2 Esslöffel Rotweinessig
- 1/4 Teelöffel schwarzer Pfeffer, gemahlen
- 1/2 Teelöffel koscheres Salz
- 2 Zweige frischer Rosmarin
- 1 Teelöffel frischer und gehackter Knoblauch
- 2 Esslöffel Olivenöl

Wegbeschreibung

1. Salzwasser kochen. Während das Wasser erhitzt wird, die Bohnen aus den Hülsen nehmen. Sobald das Wasser kocht, die Bohnen hinzufügen und etwa 3 Minuten lang kochen, bis sie weich und grün sind.

2. Die Bohnen abgießen und unter kaltem Wasser abspülen. Die Favabohnen aus den Hüllen lösen und beiseite stellen.

3. Essig, Knoblauch, Olivenöl, Rosmarinzweige, Salz und Pfeffer in einem Einmachglas mischen. Den Deckel auf das Glas setzen und den Inhalt schütteln, um ihn zu vermischen. Favabohnen in das Glas geben und den Deckel verschließen. Diese marinierten Bohnen halten sich bis zu drei Tage im Kühlschrank. Lassen Sie die Bohnen mindestens 15 Minuten in der Mischung einweichen, bevor Sie sie servieren.

Ernährung: Kalorien: 195 kcal; Fett: 0 g; Kohlenhydrate: 5 g; Eiweiß: 9 g

Zubereitungszeit: 25 Minuten,

Kochzeit: 30 Minuten,

Portionen: 3

Zutaten

- 1 lb. getrocknete Bohnen
- 1 Lorbeerblatt
- 2 Quarts Wasser
- Koscheres Salz

Wegbeschreibung

1. Stochern Sie in den Bohnen herum, um sicherzustellen, dass Sie Scherben oder Steine entfernen. Waschen und spülen Sie die Bohnen gut ab.

2. Die Bohnen in eine Schüssel geben und mit kaltem Wasser bedecken. Weichen Sie sie über Nacht ein.

3. Die Bohnen mit klarem Wasser abspülen und abtropfen lassen. Die Bohnen und das Lorbeerblatt in einen Suppentopf geben. Mit Wasser auffüllen, bis sie bedeckt sind. Die Bohnen 30 Minuten lang murmelnd kochen lassen.

4. Den Schaum an der Oberfläche abschöpfen, dann die Bohnen durch den Koriander in eine Schüssel gießen. Die Lorbeerblätter entsorgen und die Kochflüssigkeit aufbewahren.

5. Die Bohnen bis zu 2/3 in die Gläser füllen, dann die Kochflüssigkeit dazugeben und einen Zentimeter Abstand lassen. Nach Belieben einen halben Esslöffel Salz in jedes Glas geben.

6. Entfernen Sie eventuelle Luftblasen und fügen Sie bei Bedarf mehr Kochflüssigkeit hinzu.

7. Wischen Sie die Ränder ab und setzen Sie die Deckel auf die Gläser. Setzen Sie die Ringe auf und ziehen Sie sie fest. Die Gläser in den Einkochautomaten stellen.

8. Verarbeiten Sie die Gläser 75 Minuten lang bei 10 Pfund. Nach Ablauf der Zeit den Druck auf Null reduzieren und den Druckkonservenbehälter abkühlen lassen.

9. Nehmen Sie die Gläser aus dem Einmachglas und stellen Sie sie auf ein Gestell. Jedes Glas beschriften und an einem kühlen, trockenen Ort aufbewahren.

Ernährung: Kalorien 114; Gesamtfett 0,5 g; Gesättigtes Fett 0,1 g; Kohlenhydrate insgesamt 20,4 g; Nettokohlenhydrate 12,9 g; Eiweiß 7,6 g

Trockene Bohnen in der Druckdose

Zubereitungszeit: 25 Minuten,

Kochzeit: 30 Minuten,

Portionen: 3 Gläser

Zutaten

- 1 lb. marine Bohnen
- Wasser
- Essig
- Zitronensaft

Wegbeschreibung

1. Entfernen Sie alle Fremdkörper aus den Bohnen und geben Sie sie in eine Schüssel mit Wasser, bis sie bedeckt sind.

2. Essig und Zitronensaft in das Einweichwasser geben und über Nacht einweichen lassen.

3. Waschen Sie die Bohnen und lassen Sie sie abtropfen. In einen großen Topf geben.

4. Mit 5 cm Wasser bedecken. Die Bohnen zum Kochen bringen und häufig umrühren.

5. Die Bohnen mit einem Schaumlöffel in die Gläser geben, dabei die Kochflüssigkeit aufbewahren und einen Zentimeter Abstand lassen.

6. Die Kochflüssigkeit in die Gläser füllen, wobei der Abstand von 1 Zoll beibehalten wird. Die Ränder abwischen und die Deckel und Ringe auf die Gläser setzen.

7. Stellen Sie die Gläser in einen Druckbehälter und verarbeiten Sie sie bei 10 Pfund für 1 Stunde 15 Minuten für Pints und 1 Stunde 30 Minuten für Quarts.

8. Lassen Sie den Druck im Einmachglas auf Null abfallen, bevor Sie die Gläser herausnehmen. Alles abkühlen lassen und prüfen, ob die Deckel richtig verschlossen sind.

9. Bewahren Sie die Gläser auf.

Ernährung: Kalorien 127; Gesamtfett 0,6 g; Gesättigtes Fett 0,1 g; Kohlenhydrate insgesamt 23,7 g; Nettokohlenhydrate 14,1 g; Eiweiß 7,5 g

Grüne Erbsen aus der Dose

Zubereitungszeit: 25 Minuten,

Kochzeit: 35 Minuten,

Portionen: 3 Gläser

Zutaten

- 1 lb. getrocknete Erbsen
- Nicht-jodiertes Salz

Wegbeschreibung

1. Sortieren Sie die Erbsen, um alle Rückstände zu entfernen.

2. Die Bohnen in einen flachen Topf geben und Wasser hinzufügen. 2 Minuten lang kochen lassen. Vom Herd nehmen und die Bohnen 1 Stunde lang zugedeckt einweichen lassen.

3. Die Bohnen abgießen und mit klarem Wasser abspülen. Zurück in den Topf geben und mit Wasser auffüllen, bis sie gerade bedeckt sind. Die Erbsen 30 Minuten lang kochen lassen.

4. Die Erbsen mit einem Schaumlöffel in die Gläser füllen und einen halben Esslöffel unjodiertes Salz hinzufügen. Füllen Sie die Kochflüssigkeit in jedes Glas und achten Sie darauf, dass Sie einen Freiraum von einem Zentimeter lassen.

5. Verwenden Sie ein sauberes, feuchtes Tuch, um die Ränder der Gläser abzuwischen, und setzen Sie dann den Deckel und die Ringe auf. Benutze deine Hände zum Festziehen.

6. Stellen Sie die Gläser in den Einkochapparat und verarbeiten Sie sie bei 10 Pfund 40 Minuten lang. Schauen Sie in der Anleitung des Einmachgeräts nach.

7. Lassen Sie den Druck im Dosenöffner ablassen und abkühlen, bevor Sie ihn öffnen und die Gläser herausnehmen.

8. Stellen Sie die Gläser 24 Stunden lang ungestört auf ein Gestell, bevor Sie sie in den Lagerraum bringen.

Ernährung: Kalorien 132; Gesamtfett 0,7 g; Gesättigtes Fett 0,1 g; Kohlenhydrate insgesamt 23,5 g; Nettokohlenhydrate 15,2 g; Eiweiß 8,8 g; Zucker 9,2 g; Ballaststoffe 8,3 g

Pinto-Bohnen aus der Dose

Zubereitungszeit: 25 Minuten,

Kochzeit: 30 Minuten

Portionen: 6 Gläser

Zutaten

- 2 lb. Pinto-Bohnen
- Wasser
- Salz
- Essig

Wegbeschreibung

1. Waschen Sie die Pinto-Bohnen und spülen Sie sie gut ab. Weichen Sie sie über Nacht in Wasser ein.

2. Die Bohnen abspülen und in einen Topf geben, in dem das Wasser die Bohnen einen halben Zentimeter bedeckt. Die Bohnen zum Kochen bringen und unter Rühren 30 Minuten lang kochen.

3. Füllen Sie die sauberen Gläser mit den Bohnen und lassen Sie dabei einen Zentimeter Luft. Fügen Sie auf Wunsch einen halben Esslöffel Salz und Essig in jedes Pint-Glas.

4. Die Kochflüssigkeit in jedes Glas geben, dann die Luftblasen ablassen. Falls erforderlich, Kochflüssigkeit nachfüllen.

5. Wischen Sie die Ränder der Gläser mit einem sauberen, feuchten Handtuch ab. Setzen Sie die Deckel auf die Gläser, befestigen Sie die Ringe und ziehen Sie sie fest. Stellen Sie die Gläser in den Einkochautomaten.

6. Verarbeiten Sie die Gläser bei 10 Pfund 75 Minuten lang. Schalten Sie die Hitze ab und lassen Sie den Druck im Einmachglas abfallen.

7. Den Druckkonservenbehälter öffnen und die Gläser herausnehmen. Stellen Sie sie 24 Stunden lang ungestört auf ein Gestell. Entfernen Sie die Ringe und bewahren Sie die Gläser an einem kühlen, trockenen Ort auf.

Ernährung: Kalorien 245; Gesamtfett 1g; Gesättigtes Fett 0,1g; Kohlenhydrate insgesamt 45g; Nettokohlenhydrate 30g; Eiweiß 15g

Grüne Bohnen aus der Dose

Zubereitungszeit: 45 Minuten

Kochzeit: 0 Minuten

Portionen: 3 Gläser

Zutaten

- 1 lb. grüne Bohnen
- Gefiltertes Wasser
- Meersalz

Wegbeschreibung

1. Waschen Sie die Bohnen grob und schneiden Sie dann mit den Händen den oberen und unteren Teil der Bohnen ab. Schneiden Sie die Bohnen in zwei Hälften.

2. Füllen Sie die grünen Bohnen in Ihre sauberen Gläser. Sie können Pint-Gläser oder Quart-Gläser verwenden. Geben Sie gegebenenfalls einen halben Esslöffel Salz in jedes Glas.

3. Kochen Sie gefiltertes Wasser in einem großen Kessel und gießen Sie das heiße Wasser über die Bohnen, wobei Sie einen Freiraum von einem Zentimeter lassen.

4. Verwenden Sie ein sauberes Tuch, um die Ränder abzuwischen. Setzen Sie die Deckel und die Ringe auf und ziehen Sie sie mit den Händen leicht an.

5. Stellen Sie die Gläser auf ein Drahtgestell des Druckkonservenbehälters und geben Sie genügend Wasser für Ihr Konservenbehältermodell hinein.

6. Setzen Sie den Deckel auf, verschließen Sie ihn und stellen Sie ihn auf mittlere bis hohe Hitze.

7. Sobald das Ventil 10 Minuten lang Dampf abgelassen hat, erhöhen Sie den Druck auf 20 für 25 Minuten bei Pints und 25 bei Quarts.

8. Den Herd ausschalten und den Druck im Einkochgerät ablassen. Die Gläser vorsichtig herausnehmen und für 12-24 Stunden ungestört auf ein Handtuch stellen.

9. Bringen Sie sie in den Lagerbereich.

Ernährung: Kalorien 28; Gesamtfett 0,6 g; Gesättigtes Fett 0,1 g; Kohlenhydrate insgesamt 5,7 g; Nettokohlenhydrate 3,1 g; Eiweiß 1,42 g

Knoblauchbohnen aus der Dose

Zubereitungszeit: 45 Minuten,

Kochzeit: 30 Minuten,

Portionen: 3 Gläser

Zutaten

- 2-1/4 lb. getrocknete schwarze Bohnen
- Salz
- Wasser
- Eine Handvoll Koriander
- 5 Knoblauchzehen, gewürfelt

Wegbeschreibung

1. Sortieren Sie die Bohnen, um alle unerwünschten Partikel zu entfernen.
2. Legen Sie die Bohnen in einen großen Topf und bedecken Sie sie etwa 5 cm mit Wasser.
3. Die Pfanne auf den Herd stellen und das Wasser und die Bohnen 2 Minuten lang kochen lassen.
4. Die Bohnen vom Herd nehmen und zugedeckt 1 Stunde lang einweichen lassen. Das Wasser abgießen und die Pfanne wieder auf den Herd stellen.
5. Mehr Wasser hinzufügen, bis es gerade bedeckt ist. Koriander und Knoblauch hinzufügen. Bohnen und Wasser 30 Minuten lang kochen lassen.
6. Die Bohnen mit einem Schaumlöffel in die Gläser füllen, so dass ein Freiraum von 1 Zoll bleibt. Geben Sie 1/2 Esslöffel Salz in jedes Glas und fügen Sie dann die Kochflüssigkeit hinzu, um die Bohnen zu bedecken.
7. Entfernen Sie die Luftblasen, wischen Sie die Ränder der Gläser ab, setzen Sie den Deckel und die Ringe auf und schließen Sie ihn mit den Händen.
8. Verarbeiten Sie die Gläser 60 Minuten lang bei 10 Pfund Druck. Warten Sie, bis der Druck im Einmachglas nachlässt, bevor Sie die Gläser herausnehmen und aufbewahren.

Ernährung: Kalorien 147; Gesamtfett 0g; Gesättigtes Fett 0g; Kohlenhydrate insgesamt 13g; Nettokohlenhydrate 8g; Eiweiß 5g, Zucker 0g, Ballaststoffe 5g, Natrium 10mg, Kalium 233 mg

Senfkonserven mit Schweinefleisch und Bohnen

Zubereitungszeit: 25 Minuten

Kochzeit: 30 Minuten

Portionen: 3 Gläser

Zutaten

- 2 lb. marine Bohnen
- 2 Zwiebeln, gewürfelt
- 8 Stücke gesalzenes Schweinefleisch
- 1/4 Tasse brauner Zucker
- 1 Esslöffel gelber Senf
- 2 Esslöffel Honig
- 30 Unzen Tomatensauce
- 3 Tassen Wasser
- 1 Esslöffel Salz

Wegbeschreibung

1. Heizen Sie Ihren Schnellkochtopf vor.

2. Geben Sie eine halbe Tasse Bohnen in jedes Glas. Die Zwiebeln gleichmäßig auf die Gläser verteilen und dann ein Stück Schweinefleisch in jedes Glas geben.

3. Einen Kochtopf erhitzen und Zucker, Senf, Honig, Tomatensauce und Wasser hinzufügen. Die Mischung zum Kochen bringen. Die Soßenmischung in die einzelnen Gläser füllen.

4. Füllen Sie das Glas mit kochendem Wasser und achten Sie darauf, dass Sie einen Freiraum von einem Zentimeter lassen.

5. Die Ränder der Gläser abwischen und die Deckel und Ringe auf die Gläser setzen. Die Gläser in den Drucktopf stellen und bei 10 Pfund 75 Minuten lang verarbeiten.

6. Warten Sie, bis der Druck im Dosenöffner nachlässt, bevor Sie die Gläser herausnehmen. An einem kühlen, trockenen Ort bis zu einem Jahr aufbewahren.

Ernährung: Kalorien 130; Gesamtfett 1g; Gesamtkohlenhydrate 26g; Nettokohlenhydrate 20g; Eiweiß 5g; Zucker 8g; Ballaststoffe 6g

Kapitel 7: Brühen, Suppen und Eintöpfe

Zubereitungszeit: 30 Minuten

Kochzeit: 55 Minuten

Portionen: 7-Pfund-Gläser (500 ml)

Zutaten

- 4 Tassen in Scheiben geschnittene, geschälte und entkernte Tomaten (ca. 6 mittlere)
- 3 Tassen 3/4 Zoll gehackte Karotten (ca. 6 mittelgroße)
- 3 Tassen geschälte und gewürfelte Kartoffeln (ca. 3 mittlere)
- 2 Tassen Maiskörner, ungekocht (ca. 4-1/2 Ähren)
- 2 Tassen grüne Limabohnen (ca. 3/4 lb.)
- 1 Tasse geschnittene Zwiebeln (1 mittelgroß)
- 1 Tasse gehackter Sellerie (etwa 2 Stängel)
- Pfeffer, wahlweise
- Salz, wahlweise
- 3 Tassen Wasser

Wegbeschreibung

1. In einem mittelgroßen Topf das gesamte Gemüse vermengen. Mit Wasser aufgießen und zum Kochen bringen. Die Hitze reduzieren und fünf Minuten kochen lassen. Nach Belieben Pfeffer und Salz hinzufügen.

2. Füllen Sie die heiße Gemüsesuppe in die Einmachgläser. Achten Sie darauf, dass der Abstand zwischen den Gläsern einen Zentimeter beträgt. Verwenden Sie einen Spatel, um Luftblasen zu entfernen, und wischen Sie dann die Ränder der Gläser mit einem sauberen Tuch ab, bevor Sie die Deckel aufsetzen und verschließen.

3. Die gefüllten Gläser in einen Druckkonservenbereiter mit einem Druck von 11 Pfund bei einem Messgerät oder 10 Pfund bei einem gewogenen Messgerät stellen. Erhitzen Sie die Gläser fünfundfünfzig Minuten lang und passen Sie dabei die Höhe an. Schalten Sie die Hitze ab und lassen Sie den Druck auf natürliche Weise abfallen. Nehmen Sie den Deckel ab und lassen Sie die Gläser zehn Minuten lang im Einmachglas abkühlen. Die Gläser herausnehmen und abkühlen lassen. Prüfen Sie nach etwa vierundzwanzig Stunden, ob die Deckel dicht sind.

Ernährung: Kalorien: 151,1 Kal.; Fett: 4,7 g; Kohlenhydrate: 23,3 g; Eiweiß: 5,4 g

Schinken-Erbsen-Suppe

Zubereitungszeit: 15 Minuten

Kochzeit: 1 Stunde 35 Minuten

Einmachzeit: 1¼ Stunden

Portionen: 10

Zutaten

- 8 Tassen Wasser
- 1 Pfund getrocknete Spalterbsen
- 7 Unzen gekochter Schinken, gewürfelt
- mittelgroße Möhren, geschält und fein gehackt
- 1 mittelgroße Zwiebel, fein gewürfelt
- 3 Esslöffel frischer Zitronensaft
- 1 Esslöffel Worcestershire-Sauce
- 1 Lorbeerblatt
- ½ Teelöffel gemahlener Piment
- Salz und gemahlener schwarzer Pfeffer, je nach Bedarf

Wegbeschreibung

1. Erbsen und Erbsenstücke in einen holländischen Ofen geben und bei starker Hitze zum Kochen bringen.
2. Nun die Hitze auf niedrig stellen und etwa 1 Stunde lang zugedeckt kochen.
3. Die restlichen Zutaten einrühren und etwa 30 Minuten köcheln lassen.
4. Die Suppe in 5 heiße, sterilisierte Gläser (1 Pint) füllen, wobei etwa ein halber Zentimeter Platz nach oben bleibt.
5. Streichen Sie mit einem kleinen Messer über die Innenseite jedes Glases, um Luftblasen zu entfernen.
6. Wischen Sie mit einem sauberen, feuchten Küchentuch alle Essensreste von den Rändern der Gläser ab.
7. Stellen Sie die Gläser vorsichtig in den Druckbehälter und verarbeiten Sie sie bei einem Druck von 10 Pfund für etwa 75 Minuten.
8. Nehmen Sie die Gläser aus dem Schnellkochtopf und stellen Sie sie mit einigen Zentimetern Abstand auf eine Holzplatte, damit sie vollständig abkühlen.
9. Drücken Sie nach dem Abkühlen mit dem Finger auf den Deckel jedes Glases, um sicherzustellen, dass es dicht ist.
10. Bewahren Sie diese Einmachgläser an einem kühlen, dunklen Ort auf.

Ernährung: Kalorien 202; Gesamtfett 2,3 g; Gesättigtes Fett 0,7 g; Cholesterin 11 mg; Natrium 317 mg; Kohlenhydrate insgesamt 31,4 g; Ballaststoffe 12,6 g; Zucker 5,4 g; Eiweiß 14,8 g

Französische Zwiebelsuppe

Zubereitungszeit: 15 Minuten

Kochzeit: 20 Minuten

Einmachzeit: 1¼ Stunden

Portionen: 20

Zutaten

- 2 Esslöffel Butter
- 7 mittelgroße Zwiebeln, in Scheiben geschnitten
- 12 Tassen Rinderbrühe
- 2 Esslöffel besser als Rinderbrühe
- 2 Teelöffel Steaksauce
- 2 Teelöffel Worcestershire-Sauce

Wegbeschreibung

1. In einem gusseisernen Wok die Butter bei mittlerer Hitze schmelzen und die Zwiebelscheiben unter gelegentlichem Rühren etwa 15-20 Minuten karamellisieren lassen.

2. In der Zwischenzeit die restlichen Zutaten in einen Suppentopf geben und bei mittlerer Hitze zum Kochen bringen.

3. Die Zwiebelscheiben in 10 heiße, sterilisierte Gläser (1 Pint) verteilen.

4. Füllen Sie jedes Glas mit der heißen Brühe und lassen Sie dabei etwa einen halben Zentimeter Platz nach oben.

5. Streichen Sie mit einem kleinen Messer über die Innenseite jedes Glases, um Luftblasen zu entfernen.

6. Wischen Sie alle Essensreste mit einem sauberen, feuchten Küchentuch von den Rändern der Gläser ab.

7. Die Gläser vorsichtig in den Druckbehälter stellen und bei 10 Pfund Druck etwa 75 Minuten lang verarbeiten.

8. Nehmen Sie die Gläser aus dem Schnellkochtopf und stellen Sie sie mit einigen Zentimetern Abstand auf eine Holzplatte, damit sie vollständig abkühlen.

9. Drücken Sie nach dem Abkühlen mit dem Finger auf den Deckel jedes Glases, um sicherzustellen, dass er dicht ist.

10. Bewahren Sie diese Einmachgläser an einem kühlen, dunklen Ort auf.

Ernährung: Kalorien 52; Gesamtfett 2 g; Gesättigtes Fett 1 g; Cholesterin 3 mg; Natrium 714 mg; Kohlenhydrate insgesamt 4,9 g; Ballaststoffe 0,8 g; Zucker 2,2 g; Eiweiß 3,6 g

Tomatensuppe mit Sellerie

Zubereitungszeit: 30 Minuten

Kochzeit: 25 Minuten

Portionen: 8-Pfund-Gläser (500 ml)

Zutaten

- 6 mittelgroße Zwiebeln, in Scheiben geschnitten
- 1 Bund Staudensellerie, in Scheiben geschnitten
- 5 Liter Tomatensaft oder 8 Liter frische, gehackte Tomaten
- 1 Tasse Zucker
- 1/4 Tasse Salz
- 1 Tasse Butter
- 1 Tasse Mehl

Wegbeschreibung

1. Gehackten Sellerie und Zwiebeln mit etwas Wasser in einen großen Topf geben, damit sie nicht anbrennen. Den Topf auf mittlere Hitze stellen. Zum Kochen bringen. Während des Kochens die Tomaten in den Topf geben und kochen, bis sie weich werden. Die Mischung durch ein Sieb streichen und zurück in den Topf geben. Salz und Zucker hinzugeben.

2. Mehl und Butter vermischen. Gut mischen und 2 Tassen kalten Saft hinzufügen, bis alles gut vermischt ist. Die Mehl-Butter-Mischung in den warmen Saft geben (bevor er heiß ist, damit das Mehl nicht klumpt). Gut umrühren. Das Mehl kann klumpig werden, wenn es kocht, daher nur bis zum Siedepunkt erhitzen und die Heizung ausschalten, bevor es kocht - es wird beim Abkühlen weiter eindicken.

3. Füllen Sie die heiße Suppe in die Einmachgläser. Achten Sie auf einen Abstand von einem Zentimeter. Verwenden Sie einen Spatel, um Luftblasen zu entfernen, und wischen Sie dann die Ränder der Gläser mit einem sauberen Tuch ab, bevor Sie die Deckel aufsetzen und verschließen.

4. Die gefüllten Gläser in einen Druckkonservenbereiter mit 11 Pfund Druck bei einem Messgerät oder 10 Pfund Druck bei einem gewogenen Messgerät stellen. Erhitzen Sie die Gläser fünfundzwanzig Minuten lang und passen Sie dabei die Höhe an. Schalten Sie die Hitze ab und lassen Sie den Druck natürlich abfallen. Nehmen Sie den Deckel ab und lassen Sie die Gläser drei Minuten lang im Einmachglas abkühlen. Die Gläser herausnehmen und abkühlen lassen. Nach vierundzwanzig Stunden die Dichtigkeit der Deckel überprüfen.

Ernährung: Kalorien: 126,9 kcal; Fett: 9,3 g; Kohlenhydrate: 10,1 g; Eiweiß: 2,5 g

Leckeres Rindfleisch und Gemüse

Zubereitungszeit: 45 Minuten

Kochzeit: 90 Minuten

Portionen: 6-Pfund-Gläser (500 ml)

Zutaten

- 3 Pfund Hackfleisch
- 6 Tassen gefrorene Erbsen
- 5 Pfund rote Pellkartoffeln, groß gewürfelt
- 1 große rote Zwiebel, gewürfelt
- 6 Esslöffel gehackter Knoblauch
- 6 Esslöffel Steakgewürz
- Pfeffer und Salz nach Geschmack
- 6 Tassen Rinderbrühe
- 6 Tassen Wasser

Wegbeschreibung

1. Eine große Pfanne auf mittlere bis hohe Hitze stellen. Burger hineingeben und mit Pfeffer und Salz würzen. Umrühren und den Burger in kleine Stücke zerschlagen, wenn er braun wird. Das Fett abgießen und das gebräunte Fleisch zurück in den Topf geben und beiseite stellen.

2. Gebräuntes Fleisch halbvoll in jedes Einmachglas schöpfen. Das Fleisch in die Gläser füllen. 1 Tasse gefrorene Erbsen und 1 Esslöffel gehackten Knoblauch in jedes Glas geben. Kartoffeln einfüllen, um den verbleibenden Raum auszufüllen, wobei ein Freiraum von 1¼ Zoll verbleibt. Drücken Sie die Kartoffeln mit den Fingern, damit die Gläser mehr von ihnen aufnehmen können. Geben Sie ¼ Tasse rote Zwiebeln und 1 Esslöffel Steakgewürz Ihrer Wahl in jedes Glas.

3. Füllen Sie eine Tasse Rinderbrühe und eine Tasse Wasser in jedes Glas, bis das Wasser mit den Kartoffeln gleichmäßig verteilt ist. Achten Sie auf einen Abstand von einem Zentimeter. Mit einem Spatel die Luftblasen entfernen, dann mit einem sauberen Tuch die Ränder der Gläser abwischen, danach die Deckel anpassen und verschrauben.

4. Die gefüllten Gläser in einen Druckkonservenbereiter mit einem Druck von 11 Pfund bei einem Messgerät oder 10 Pfund bei einem gewogenen Messgerät stellen. Erhitzen Sie die Gläser neunzig Minuten lang und passen Sie dabei die Höhe an. Schalten Sie die Hitze ab und lassen Sie den Druck natürlich abfallen. Nehmen Sie den Deckel ab und lassen Sie die Gläser fünf Minuten lang im Einmachglas abkühlen. Die Gläser herausnehmen und abkühlen lassen. Nach vierundzwanzig Stunden die Dichtigkeit der Deckel überprüfen.

Ernährung: Kalorien: 243 kcal; Fett: 6,3 g; Kohlenhydrate: 34,6 g; Eiweiß: 15,1 g

Mexikanische Hühnersuppe

Zubereitungszeit: 90 Minuten

Kochzeit: 75 Minuten

Portionen: 4-Pfund-Gläser (500 ml)

Zutaten

- 1 große Hühnerbrust ohne Knochen (gekocht, gewürfelt oder zerkleinert)
- 1/4 Tasse gehackte Karotten
- 2/3 Tasse gehackter Staudensellerie
- 1 mittelgroße Zwiebel, in Scheiben geschnitten
- 2/3 Dose Tomaten
- 2/3 Dose Kidneybohnen
- 1 Tasse gewürfelte Tomaten
- 2 Tassen Hühnerbrühe
- 2 Tassen Wasser
- 1 Tasse Mais (frisch oder gefroren)
- 1 Knoblauchzehe (zerdrückt)
- 1/3 Teelöffel gemahlener Kreuzkümmel
- 1/3 Esslöffel Kochsalz
- 1 Hühnerbrühwürfel

Wegbeschreibung

1. Alle Zutaten in einen großen Topf geben, bei mittlerer Hitze zum Kochen bringen und drei Minuten zugedeckt kochen lassen. Die Hitze reduzieren und das Huhn fünf Minuten lang langsam kochen lassen.

2. Die heiße Suppe in Einmachgläser füllen. Achten Sie auf einen Abstand von einem Zentimeter. Verwenden Sie einen Spatel, um Luftblasen zu entfernen, und wischen Sie dann die Ränder der Gläser mit einem sauberen Tuch ab, bevor Sie die Deckel aufsetzen und verschließen.

3. Die gefüllten Gläser in einen Druckkonservenbereiter mit einem Druck von 11 Pfund bei einem Messgerät oder 10 Pfund bei einem gewogenen Messgerät stellen. Erhitzen Sie die Gläser 75 Minuten lang und passen Sie dabei die Höhe an. Schalten Sie die Hitze ab und lassen Sie den Druck natürlich abfallen. Nehmen Sie den Deckel ab und lassen Sie die Gläser 5 Minuten lang im Einmachglas abkühlen. Die Gläser herausnehmen und abkühlen lassen. Nach vierundzwanzig Stunden die Dichtigkeit der Deckel überprüfen.

Ernährung: Kalorien: 386 Kcal; Fett: 8 g; Kohlenhydrate: 50 g; Eiweiß: 31 g

Gemüsebrühe

Zubereitungszeit: 10 Minuten

Kochzeit: 75 Minuten

Portionen: 10 Esslöffel

Zutaten

- 18 Tassen Wasser
- 3 Tassen trockener Weißwein
- 3 große gelbe Zwiebeln, geviertelt
- Tomaten, halbiert
- 5 Möhren, geschält und grob gehackt
- 4 Stangen Sellerie, grob gehackt
- 2 Köpfe Knoblauch, überschüssige Außenhäute entfernt, die Spitzen abgeschnitten, um die Zehen freizulegen
- ½ Bund Petersilie
- 4 Zweige Oregano
- 2 Lorbeerblätter
- 1 Esslöffel ganze Pfefferkörner
- 1 Teelöffel grobes Meersalz (optional)

Wegbeschreibung

1. In einem 12- bis 16-Quart-Stocktopf. Wasser, Wein, Zwiebeln, Tomaten, Karotten, Sellerie, Knoblauch, Petersilie, Oregano, Lorbeerblätter, Pfefferkörner und Salz (falls verwendet) vermischen. Gut mischen, um die Zutaten gleichmäßig zu verteilen. Bei mittlerer bis hoher Hitze zum Kochen bringen. 5 Minuten leicht kochen lassen, dann die Hitze reduzieren und 1 Stunde lang ungestört und zugedeckt köcheln lassen.
2. Mit einer Schaumkelle das Gemüse und die Kräuter aus dem Topf nehmen und wegwerfen. Die Brühe durch ein feinmaschiges Sieb gießen und die Brühe in einem großen, sauberen Topf auffangen.
3. Die heiße, abgeseihte Brühe in heiße Gläser füllen, wobei ein Abstand von 1 Zoll eingehalten werden sollte.
4. Wischen Sie den Rand jedes Glases mit einem warmen, in destillierten weißen Essig getauchten Waschlappen ab. Setzen Sie einen Deckel und einen Ring auf jedes Glas und ziehen Sie es mit der Hand fest.
5. Gläser in den Druckkonservenbehälter stellen, den Deckel des Druckkonservenbehälters schließen und bei starker Hitze zum Kochen bringen. Den Dosenöffner 10 Minuten lang entlüften lassen. Die Entlüftung schließen und weiter erhitzen, bis ein Druck von 11 PSI bei einem Messgerät und 10 PSI bei einem gewogenen Messgerät erreicht ist. Verarbeiten Sie Quart-Gläser 25 Minuten lang und Pint-Gläser 20 Minuten lang.

Ernährung: Kohlenhydrate - 2 g; Fett - 3,2 g; Eiweiß - 9,8 g; Kalorien - 178

Singapur-Pfeffersoße

Zubereitungszeit: 30 Minuten

Kochzeit: 10 Minuten

Portionen: 6-Pint-Gläser (500 ml)

Zutaten

- 4 Tassen frische scharfe rote Paprika, entkernt und zerkleinert
- 2-1/2 Tasse Kristallzucker
- Weißer Essig, 5 % Säuregehalt
- 1-1/2 Tasse gespülte Sultana-Rosinen
- 1 Esslöffel geriebene frische Ingwerwurzel
- 1/4 Tasse gehackter Knoblauch
- 2 Teelöffel Salz

Wegbeschreibung

1. Zucker und Essig in einen großen Topf geben und bei mittlerer bis hoher Hitze zum Kochen bringen. Unter ständigem Rühren zum Kochen bringen. Die Hitze reduzieren und drei Minuten lang kochen lassen.

2. Ingwerwurzel, Knoblauch, roten Pfeffer, Sultaninen und Salz hinzufügen. Fünf Minuten lang kochen lassen. Die Sauce vom Herd nehmen.

3. Füllen Sie die scharfe Soße in jedes Einmachglas. Denken Sie daran, einen Freiraum von einem Zentimeter zu lassen. Verwenden Sie einen Spatel, um Luftblasen zu entfernen, und wischen Sie dann die Ränder der Gläser mit einem sauberen Tuch ab, bevor Sie die Deckel aufsetzen und verschließen.

4. Die gefüllten Gläser in einen Druckkonservenbereiter mit elf Pfund Druck bei einem Messgerät oder zehn Pfund Druck bei einem gewichteten Konservenbereiter stellen. Erhitzen Sie die Gläser zehn Minuten lang und passen Sie dabei die Höhe an. Schalten Sie den Herd aus und lassen Sie den Druck natürlich abfallen. Nehmen Sie den Deckel ab und lassen Sie die Gläser fünf Minuten lang im Einmachglas abkühlen. Nehmen Sie die Gläser heraus und lassen Sie sie abkühlen. Deckel nach vierundzwanzig Stunden auf Dichtigkeit prüfen.

Ernährung: Kalorien: 20 Kal; Fett: 5g; Kohlenhydrate: 4g; Eiweiß: 0g

Kraut- und Corned Beef-Suppe

Zubereitungszeit: 60 Minuten

Kochzeit: 80 Minuten

Portionen: 8-Pfund-Gläser (500 ml)

Zutaten

- 1 große Zwiebel, in Scheiben geschnitten
- 1-1/2 Tasse Karotten in Scheiben geschnitten
- 1-1/2 Tasse gehackter Staudensellerie
- 1-1/2 Dose Tomatensauce oder -saft
- 1/3 Teelöffel gemahlener Piment
- 5 Tassen Rinderbrühe
- 2 Tassen Kartoffeln, in 1/2-Zoll-Würfel geschnitten
- 1 kleiner Kopf Kohl, in Scheiben geschnitten
- 1/2 lb. Corned Beef, in 1/2 Würfel geschnitten, Fett abschneiden
- 1/2 Teelöffel schwarzer Pfeffer
- 1 Teelöffel Kochsalz
- 2 Tassen Wasser

Wegbeschreibung

1. Schichten Sie gleiche Mengen an Karotten, Zwiebeln, Sellerie, Kohl, Corned Beef und Kartoffeln in jedes gereinigte Einmachglas, bis es zu etwa ¾ gefüllt ist.

2. Tomatensauce oder -saft, Rinderbrühe, Piment, Pfeffer, Salz und Wasser in einen mittelgroßen Topf geben. Aufkochen lassen und von der Hitzequelle nehmen.

3. Füllen Sie die Mischung in jedes Einmachglas. Achten Sie darauf, dass Sie einen Zentimeter Platz lassen. Falls erforderlich, mehr heißes Wasser oder Brühe in jedes Einmachglas geben. Verwenden Sie einen Spatel, um Luftblasen zu entfernen, und wischen Sie die Ränder der Einmachgläser mit einem sauberen Tuch ab, bevor Sie die Deckel aufsetzen und verschließen.

4. Die gefüllten Gläser in einen Druckkonservenbereiter mit einem Druck von 11 Pfund bei einem Messgerät oder 10 Pfund bei einem gewogenen Messgerät stellen. Erhitzen Sie die Gläser fünfundsiebzig Minuten lang und passen Sie dabei die Höhe an. Schalten Sie die Hitze ab und lassen Sie den Druck natürlich abfallen. Nehmen Sie den Deckel ab und lassen Sie die Gläser fünf Minuten lang im Einmachglas abkühlen. Die Gläser herausnehmen und abkühlen lassen. Nach vierundzwanzig Stunden die Dichtigkeit der Deckel prüfen.

Ernährung: Kalorien: 336 Kcal; Fett: 15 g; Kohlenhydrate: 32 g; Eiweiß: 18 g

Mexikanische Suppe mit Huhn

Zubereitungszeit: 20 Minuten

Kochzeit: 50 Minuten

Portionen: 10 Esslöffel

Zutaten

- 3 große Hühnerbrüste ohne Knochen (gekocht, gerieben oder gewürfelt)
- 1 1/2 Karotten (in Scheiben geschnitten)
- 2 Gläser Staudensellerie (in Scheiben geschnitten)
- 1 große Zwiebel, gewürfelt
- 2 (14 1/2 Unzen) Rotel-Tomatendose
- 15 Unzen gespülte und abgetropfte Bohnen
- 4 gewürfelte Tomaten (frisch oder aus der Dose)
- Ein Glas Wasser
- Ein Glas Hühnerbrühe
- 3 Gläser Mais (Kerne gefroren oder frisch vom Kolben geschnitten)
- 1 Teelöffel gemahlener Kreuzkümmel
- 1 Esslöffel Salz aus der Dose
- 3 Knoblauchzehen (gehackt)
- 3 Hühnerbrühwürfel

Wegbeschreibung

1. Die Hähnchen kochen, bis sie mit Wasser bedeckt sind. Wenn das Huhn abgekühlt ist, können Sie es schneiden oder in 1-Zoll-Würfel schneiden. Legen Sie es beiseite.
2. Bereiten Sie den Druckbehälter vor. Erhitzen Sie die Gläser und Deckel, bis sie einsatzbereit sind. (Nicht kochen).
3. Alle Zutaten außer dem Huhn in den großen Topf geben, aufkochen und zugedeckt 3 Minuten kochen lassen. Nach dem Hinzufügen des Huhns etwa 5 Minuten kochen lassen.
4. Die heiße Suppe in heiße Gläser füllen, dabei einen Abstand von 1 Zoll lassen, die Luftblasen entfernen und den Rand des Glases reinigen. Den heißen Deckel mittig auf das Glas setzen.
5. Bringen Sie das Klebeband an und stellen Sie es so ein, dass es mit der Fingerspitze fest sitzt. Stellen Sie die Gläser in den Druckbehälter.
6. Bei 11 Pfund Druck oder 75 Minuten pro 90 Kilo verarbeiten (ggf. auf die Höhe einstellen).
7. Die Gläser herausnehmen und abkühlen lassen. Prüfen Sie die Deckel nach 24 Stunden auf Dichtheit. Die Deckel sollten sich beim Drücken in der Mitte nicht nach oben und unten klappen lassen.

Ernährung: Kohlenhydrate - 2 g; Fett - 7,2 g; Eiweiß - 8,8 g; Kalorien - 198

Rinderbrühe

Zubereitungszeit: 10 Minuten

Kochzeit: 75 Minuten

Portionen: 14 Esslöffel

Zutaten

- 2 nicht entbeinte kurze Rippen vom Rind (1½ Pfund)
- 4 Oberschenkelknochen, geschnitten (2 Pfund)
- Möhren, geschält und grob gehackt
- 4 Stangen Sellerie, grob gehackt
- 3 gelbe Zwiebeln, geviertelt
- 2 Köpfe Knoblauch, überschüssige Außenhäute entfernt, die Spitzen abgeschnitten, um die Zehen freizulegen
- 2 Lorbeerblätter
- 1 Bund frische Blattpetersilie
- ½ Bund frischer Thymian
- 4 Zweige Oregano
- 1 Esslöffel schwarze Pfefferkörner
- 4 Gallonen kaltes Wasser (64 Tassen)

Wegbeschreibung

1. Rinderknochen, Karotten, Sellerie, Zwiebeln, Knoblauchköpfe, Lorbeerblätter, Petersilie, Thymian, Oregano und Pfefferkörner in einem 16- bis 20-Quart-Stocktopf vermengen. Gut mischen, um die Aromen im Topf zu verteilen.
2. Den Inhalt des Suppentopfes mit kaltem Wasser bedecken. Bei mittlerer Hitze zum Kochen bringen. Die Hitze auf mittlere bis hohe Stufe erhöhen und 5 Minuten leicht kochen lassen. Die Hitze reduzieren und 1 Stunde lang ungestört und zugedeckt köcheln lassen.
3. Während des Köchelns den Schaum abschöpfen und wegwerfen. Die Brühe nicht umrühren.
4. Entfernen Sie mit einem Schaumlöffel die Knochen, das Fleisch, das Gemüse und die Kräuter aus dem Suppentopf. Das Fleisch kann für eine Suppe oder einen Eintopf verwendet werden, aber die Knochen, das Gemüse und die Kräuter müssen weggeworfen werden. Gießen Sie die Brühe durch ein feinmaschiges Sieb und fangen Sie die Brühe in einem großen, sauberen Suppentopf auf.
5. Die heiße, abgeseihte Brühe in heiße Gläser füllen, wobei ein Abstand von 1 Zoll eingehalten werden sollte.
6. Wischen Sie den Rand jedes Glases mit einem warmen, in destillierten weißen Essig getauchten Waschlappen ab. Setzen Sie einen Deckel und einen Ring auf jedes Glas und ziehen Sie es mit der Hand fest.
7. Gläser in den Druckkonservenbehälter stellen, den Deckel des Druckkonservenbehälters schließen und bei starker Hitze zum Kochen bringen.

Den Dosenöffner 10 Minuten lang entlüften lassen. Die Entlüftung schließen und weiter erhitzen, bis ein Druck von 11 PSI bei einem Messgerät und 10 PSI bei einem gewogenen Messgerät erreicht ist. Verarbeiten Sie Quart-Gläser 25 Minuten lang und Pint-Gläser 20 Minuten lang.

Ernährung: Kohlenhydrate - 2 g; Fett - 3,2 g; Eiweiß - 10,8 g; Kalorien - 208

Gemischter Gemüseeintopf

Zubereitungszeit: 15 Minuten

Kochzeit: 10 Minuten

Einmachzeit: 55 Minuten

Portionen: 14

Zutaten

- 4 Pfund Tomaten, entkernt und in Stücke geschnitten
- 2 Tassen Limabohnen
- 2 Tassen ungekochte Maiskörner
- 6 mittelgroße Kartoffeln, geschält und gewürfelt
- 12 mittelgroße Möhren, geschält und in Scheiben geschnitten
- 1 Tasse Staudensellerie, in Scheiben geschnitten
- 2 mittelgroße Zwiebeln, gewürfelt
- Salz und gemahlener schwarzer Pfeffer, je nach Bedarf
- 3 Tassen Wasser

Wegbeschreibung

1. Alle Zutaten in einen Suppentopf geben und bei mittlerer bis hoher Hitze zum Kochen bringen.

2. Nun die Hitze auf niedrig stellen und etwa 4-5 Minuten zugedeckt kochen.

3. Den Eintopf in 7 heiße, sterilisierte Gläser (1 Pint) füllen, wobei etwa ein halber Zentimeter Platz nach oben bleibt.

4. Streichen Sie mit einem kleinen Messer über die Innenseite jedes Glases, um Luftblasen zu entfernen.

5. Wischen Sie alle Essensreste mit einem sauberen, feuchten Küchentuch von den Rändern der Gläser ab.

6. Die Gläser vorsichtig in den Druckkonservierer stellen und bei 10 Pfund Druck etwa 55 Minuten lang verarbeiten.

7. Nehmen Sie die Gläser aus dem Schnellkochtopf und stellen Sie sie mit einigen Zentimetern Abstand auf eine Holzplatte, damit sie vollständig abkühlen.

8. Drücken Sie nach dem Abkühlen mit dem Finger auf den Deckel jedes Glases, um sicherzustellen, dass er dicht ist.

9. Bewahren Sie diese Einmachgläser an einem kühlen, dunklen Ort auf.

Ernährung: Kalorien 159; Gesamtfett 0,8 g; Gesättigtes Fett 0,1 g; Cholesterin 0 mg; Natrium 71 mg; Kohlenhydrate insgesamt 34,8 g; Ballaststoffe 7,2 g; Zucker 8,8 g; Eiweiß 5,6 g

Krabbenbrühe

Zubereitungszeit: 15 Minuten

Kochzeit: 1 Stunde

Einmachzeit: 20 Minuten

Portionen: 12

Zutaten

- 2 Pfund Krabbenschalen
- 1 kleine Zwiebel, grob gehackt
- 1 große Karotte, geschält und grob gewürfelt
- 1 Stange Sellerie, grob gehackt
- 3 Knoblauchzehen, geschält
- 3-4 frische Rosmarinzweige, mit Küchengarn zusammengebunden
- 2 Lorbeerblätter
- ½ Teelöffel ganze Pfefferkörner
- 8 Tassen Wasser

Wegbeschreibung

1. Alle Zutaten in einen Suppentopf geben und bei starker Hitze zum Kochen bringen.

2. Die Hitze auf mittlere Stufe stellen und zugedeckt etwa 45-55 Minuten köcheln lassen, dabei regelmäßig den Schaum von der Oberfläche abschöpfen.

3. Den Topf mit der Brühe vom Herd nehmen und die Brühe durch ein Sieb abseihen.

4. Die Brühe in 3 heiße, sterilisierte Einmachgläser (1 Pint) füllen, wobei ein Abstand von ca. 1,5 cm zum oberen Rand eingehalten werden muss.

5. Streichen Sie mit einem kleinen Messer über die Innenseite jedes Glases, um Luftblasen zu entfernen.

6. Wischen Sie alle Essensreste mit einem sauberen, feuchten Küchentuch von den Rändern der Gläser ab.

7. Die Gläser vorsichtig in den Druckkonservierer stellen und bei 10 Pfund Druck etwa 20 Minuten lang verarbeiten.

8. Nehmen Sie die Gläser aus dem Schnellkochtopf und stellen Sie sie mit einigen Zentimetern Abstand auf eine Holzplatte, damit sie vollständig abkühlen.

9. Drücken Sie nach dem Abkühlen mit dem Finger auf den Deckel jedes Glases, um sicherzustellen, dass er dicht ist.

10. Bewahren Sie diese Einmachgläser an einem kühlen, dunklen Ort auf.

Ernährung: Kalorien 96; Gesamtfett 1,3 g; Gesättigtes Fett 0,4 g; Cholesterin 159 mg; Natrium 190 mg; Kohlenhydrate insgesamt 2,6 g; Ballaststoffe 0,3 g; Zucker 0,6 g; Eiweiß 17,4 g

Kapitel 8: Geflügel

Putenfleischstücke aus der Dose

Zubereitungszeit: 3 Stunden

Kochzeit: 30 Minuten

Portionen: 5 Esslöffel

Zutaten

- 5 lb. Truthahn
- Kochendes Wasser

Wegbeschreibung

1. Garen Sie das Putenfleisch nach einer Methode Ihrer Wahl, bis es zu 2/3 gar ist.

2. Geben Sie die Putenstücke in die sterilisierten Gläser und fügen Sie dann Wasser oder Brühe hinzu, wobei Sie einen Freiraum von 1 Zoll lassen.

3. Entfernen Sie die Luftblasen und wischen Sie die Felgen mit einem feuchten Tuch ab.

4. Setzen Sie die Deckel und Ringe auf die Gläser. Die Gläser in den Druckbehälter stellen und bei 10 Pfund Druck 65 Minuten lang verarbeiten, wenn der Truthahn Knochen hatte, und 75 Minuten lang, wenn er keine Knochen hatte.

5. Warten Sie, bis der Druck im Dosenöffner auf Null gesunken ist, bevor Sie die Gläser herausnehmen.

6. Stellen Sie die Gläser für 24 Stunden auf ein Kühlgestell und lagern Sie sie dann an einem kühlen, trockenen Ort.

Ernährung: Kalorien 262; Gesamtfett 10,1g; Gesättigtes Fett 1,3g; Kohlenhydrate insgesamt 40g; Nettokohlenhydrate 2,5g; Eiweiß 25g; Zucker 0g; Ballaststoffe 0g; Natrium 111mg; Kalium 0mg

Dosenhuhn

Zubereitungszeit: 15 Minuten

Kochzeit: 30 Minuten

Portionen: 2 Pint Gläser

Einmachzeit: 1 Stunde 15 Minuten

Zutaten

- 1 mittelgroßes ganzes Huhn
- Hühnerbrühe oder Wasser
- Salz (wahlweise)

Wegbeschreibung

1. Zunächst das Hähnchen in einen Schnellkochtopf geben; 4 Tassen Wasser hinzufügen; den Topf schließen und auf den Herd stellen (siehe Anmerkungen unten, wenn Sie keinen Schnellkochtopf haben).
2. Drehen Sie die Hitze auf hoch. Sobald das Gewicht zu schwanken beginnt, die Hitze etwas reduzieren, damit es nicht zu stark schwankt. Das Huhn etwa 30 Minuten lang kochen lassen.
3. Den Schnellkochtopf in die Spüle stellen; mit kaltem Wasser ausspülen, um den Druck abzulassen und ihn schnell abzukühlen. Das Huhn aus dem Topf nehmen; die Hühnerbrühe eine Minute lang beiseite stellen.
4. Das gesamte Hühnerfleisch von den Knochen lösen.
5. Füllen Sie Ihren Druckkonservenbehälter mit 2 Zoll Wasser und stellen Sie ihn auf die Herdplatte. Schalten Sie den Herd ein und stellen Sic ihn auf "hoch", um das Wasser im Topf zu erhitzen.
6. Sterilisieren Sie Ihre Gläser, Deckel und Verschlüsse, indem Sie sie mit heißem Seifenwasser waschen.
7. Das Hühnerfleisch in die Gläser geben, dabei einen Abstand von 1 Zoll einhalten.
8. Füllen Sie die Hühnerbrühe in jedes Glas und lassen Sie dabei einen Zentimeter Platz frei. Wenn Sie keine frische Hühnerbrühe verwenden möchten, können Sie auch Wasser oder gekaufte Hühnerbrühe verwenden.
9. Das Hinzufügen von Salz ist optional. Wenn Sie sich dafür entscheiden, geben Sie ½ Teelöffel Salz in jedes Glas.
10. Entfernen Sie die Luftblasen aus dem Glas mit dem Blasenentferner. Reinigen Sie den Rand des Gefäßes mit einem sauberen Papiertuch.
11. Zentrieren Sie den Deckel und verschließen Sie jedes Glas mit den Bändern - aber nicht zu fest. Die Gläser auf die Gestelle im Druckkonservengerät stellen und darauf achten, dass sie sich nicht berühren.
12. Den Druckkochtopf schließen und die Hitze auf hohe Stufe stellen, dabei darauf achten, dass das Gewicht nicht auf der Entlüftungsöffnung liegt. Sobald der Dampf entweicht, die Hitze etwas reduzieren und den Timer auf 10 Minuten einstellen.

13. Legen Sie das Gewicht nach 10 Minuten auf die Öffnung. Verarbeiten Sie Quart-Gläser 90 Minuten lang und Pint-Gläser 75 Minuten lang. Schalten Sie den Herd aus und lassen Sie den Einkocher nach Ablauf der Zeit einige Stunden abkühlen.

14. Den Einkochtopf öffnen, wenn er abgekühlt ist, die Gläser aber noch 10 Minuten drin lassen. Nach 10 Minuten die Gläser mit Hilfe von Glashebern herausnehmen und zum Abkühlen abstellen.

15. Bevor Sie die Bänder entfernen, prüfen Sie, ob alle Gläser verschlossen sind. Wenn sie gut verschlossen sind, bewahren Sie sie in der Speisekammer auf.

16. Hinweis: Wenn Sie keinen Schnellkochtopf haben, können Sie das Huhn auch einfach kochen, bis sich das Fleisch leicht vom Knochen lösen lässt.

Ernährunge: Kohlenhydrate 4 g; Gesamtfett 42 g; gesättigtes Fett 12 g; ungesättigtes Fett 26 g; Transfett 0 g; Eiweiß 85 g; Kalorien 558; Zucker 2 g; Ballaststoffe 0 g; Natrium 712 mg; Cholesterin 267 mg

Putenwurst

Zubereitungszeit: 10 Minuten

Kochzeit: 10 Minuten

Portionen: 4 Esslöffel

Zutaten

- ½ Tasse warmes Wasser
- 2 Teelöffel getrocknetes Basilikum
- 2 Teelöffel geriebener Salbei
- 2 Teelöffel rote Paprikaflocken
- 1½ Teelöffel Majoran
- 1 Teelöffel getrockneter Senf
- ½ Teelöffel gemahlener Thymian
- ½ Teelöffel grobes Meersalz
- ½ Teelöffel gemahlener schwarzer Pfeffer
- 1 Teelöffel Knoblauchpulver
- 1 Teelöffel Paprika
- 3 Pfund Putenhackfleisch
- ½ Tasse Traubenkernöl oder Olivenöl extra vergine

Wegbeschreibung

1. In einer großen Schüssel Wasser, Basilikum, Salbei, rote Paprikaflocken, Majoran, Senf, Thymian, Salz, Pfeffer, Knoblauchpulver und Paprika vermengen. Das Putenhackfleisch hinzugeben und mit sauberen Händen alle Gewürze in das Fleisch einarbeiten. Das Putenfleisch zu einer großen Kugel formen und zurück in die Schüssel geben.

2. Die Putenfleischkugel mit Öl bedecken und das Öl mit den Händen gleichmäßig auf der gesamten Oberfläche verteilen, dabei die Kugel anheben und drehen, um sie gleichmäßig zu bestreichen. Die Putenfleischkugel zurück in die Schüssel legen. Die Schüssel mit Plastikfolie abdecken und über Nacht oder für 12 Stunden in den Kühlschrank stellen.

3. Die Wurst zu Patties oder Gliedern formen oder den Truthahn locker lassen. Patties oder Glieder in einer Pfanne von beiden Seiten etwa 1 Minute anbraten. Lose Würstchen in einer Pfanne etwa 10 Minuten anbraten. Welche Methode Sie auch immer wählen, achten Sie darauf, dass Sie überschüssiges Fett abgießen, bevor Sie die Gläser füllen.

4. Das Fleisch in heiße Gläser füllen, dabei einen Abstand von 1¼ Zoll lassen. Wischen Sie den Rand jedes Glases mit einem warmen, in destillierten weißen Essig getauchten Waschlappen ab. Setzen Sie einen Deckel und einen Ring auf jedes Glas und verschließen Sie es von Hand.

5. Gläser in den Druckkonservenbehälter stellen, den Deckel des Druckkonservenbehälters schließen und bei starker Hitze zum Kochen bringen. Den Dosenöffner 10 Minuten lang entlüften lassen. Die Entlüftung schließen und

weiter erhitzen, bis ein Druck von 11 PSI bei einem Messgerät und 10 PSI bei einem gewogenen Messgerät erreicht ist. Verarbeiten Sie Quart-Gläser für 1 Stunde 30 Minuten und Pint-Gläser für 1 Stunde 15 Minuten.

Ernährung: Kohlenhydrate - 2 g; Fett - 14,2 g; Eiweiß - 8,8 g; Kalorien - 211

Huhn - entbeint

Zubereitungszeit: 5 Minuten

Kochzeit: 90 Minuten

Portionen: Hängt von der Menge des verwendeten Hühnchens ab

Zutaten

- Huhn
- Wasser
- Salz, wahlweise

Wegbeschreibung

1. Hähnchen kochen, bis es zu etwa 2/3 gar ist. Haut und Gräten herausnehmen.

2. Füllen Sie die Einmachgläser mit den heißen Hühnern und lassen Sie einen Zentimeter Platz. Wenn gewünscht, einen Teelöffel Salz in jedes Glas geben.

3. Hühnerbrühe, Wasser oder Kochflüssigkeit über das Huhn gießen. Denken Sie daran, einen Abstand von einem Zentimeter zu lassen. Verwenden Sie einen Spatel, um Luftblasen zu entfernen, und wischen Sie dann die Ränder der Gläser mit einem sauberen Tuch ab, bevor Sie die Deckel aufsetzen und verschrauben.

4. Die gefüllten Gläser in einen Druckkonservenbereiter mit einem Druck von 11 Pfund bei einem Messgerät oder 10 Pfund bei einem gewogenen Messgerät stellen. Erhitzen Sie die Gläser 1 Stunde und 30 Minuten lang, je nach Höhenlage. Schalten Sie die Hitze ab und lassen Sie den Druck natürlich abfallen. Nehmen Sie den Deckel ab und lassen Sie die Gläser zehn Minuten lang im Einmachglas abkühlen. Die Gläser herausnehmen und abkühlen lassen. Nach vierundzwanzig Stunden die Dichtigkeit der Deckel prüfen.

Ernährung: Kohlenhydrate - 2 g; Fett - 12,2 g; Eiweiß - 6,8 g; Kalorien - 231

Süß-saures Huhn

Zubereitungszeit: 15 Minuten

Kochzeit: 5 Minuten

Einmachzeit: 1¼ Stunden

Portionen: 20

Zutaten

- 3 (20-Unzen-) Dosen Ananasstücke
- 1¼ Tassen weißer Essig
- ½ Tasse Wasser
- 1/3 Tasse Sojasauce
- ¼ Tasse Ketchup
- ¾ Tasse brauner Zucker
- 1 Teelöffel Ingwerpulver
- 4½ Pfund Hühnerbrüste ohne Knochen und Haut, in mundgerechte Stücke von 1 Zoll geschnitten
- 3 große Paprikaschoten (rot und grün), entkernt und in Stücke geschnitten
- 2 mittelgroße Zwiebeln, gewürfelt

Wegbeschreibung

1. Die Ananasdosen abtropfen lassen und den Saft in einer Schüssel auffangen.
2. In einem nicht reaktiven Topf 2½ Tassen des reservierten Ananassafts, Essig, Wasser, Sojasauce, Ketchup, braunen Zucker und Ingwerpulver bei mittlerer bis hoher Hitze unter ständigem Rühren zum Kochen bringen.
3. Die Hähnchenteile, Zwiebeln, Paprika und Ananas in 10 heiße, sterilisierte Gläser (1 Pint) füllen.
4. Füllen Sie nun jedes Glas mit der heißen Kochflüssigkeit und lassen Sie dabei einen Zentimeter Platz nach oben.
5. Streichen Sie mit einem Messer an den Innenseiten der Gläser entlang, um Luftblasen zu entfernen.
6. Wischen Sie alle Essensreste mit einem sauberen, feuchten Küchentuch von den Rändern der Gläser ab.
7. Verschließen Sie jedes Gefäß mit einem Deckel und schrauben Sie den Ring auf.
8. Die Gläser vorsichtig in den Druckbehälter stellen und bei 11 Pfund Druck etwa 75 Minuten lang verarbeiten.
9. Nehmen Sie die Gläser aus dem Schnellkochtopf und stellen Sie sie mit einigen Zentimetern Abstand auf eine Holzplatte, damit sie vollständig abkühlen.
10. Drücken Sie nach dem Abkühlen mit dem Finger auf den Deckel jedes Glases, um sicherzustellen, dass er dicht ist.
11. Bewahren Sie diese Einmachgläser an einem kühlen, dunklen Ort auf.

Ernährung: Kalorien 276; Gesamtfett 7,7 g; Gesättigtes Fett 2,1 g; Cholesterin 91 mg; Natrium 365 mg; Kohlenhydrate insgesamt 20,2 g; Ballaststoffe 1,7 g; Zucker 15,8 g; Eiweiß 30,6 g

Hähnchen Cacciatore

Zubereitungszeit: 15 Minuten

Kochzeit: 35 Minuten

Einmachzeit: 1¼ Stunden

Portionen: 10

Zutaten

- 2-3 Esslöffel Olivenöl
- 9 (5 Unzen) entbeinte, hautlose Hähnchenschenkel, der Länge nach halbiert
- 8 Tassen Tomatensauce
- ¾ Pfund frische Champignons, in Scheiben geschnitten
- 1 mittelgroße Zwiebel, in Scheiben geschnitten
- 3 Knoblauchzehen, gehackt
- 2 Esslöffel getrockneter Oregano
- 2 Esslöffel getrocknetes Basilikum
- 2 Tassen heiße Hühnerbrühe

Wegbeschreibung

1. In einem gusseisernen Wok das Olivenöl bei mittlerer bis hoher Hitze erhitzen und die Hähnchenteile in 4 Portionen etwa 3-5 Minuten anbraten.
2. Jedes gekochte Hähnchen in ein Sieb geben, um überschüssiges Fett abzutropfen.
3. Tomatensauce, Pilze, Zwiebeln, Knoblauch und Kräuter in einen Edelstahltopf geben und bei mittlerer Hitze unter gelegentlichem Rühren etwa 15 Minuten kochen.
4. Die Hähnchenteile und die Tomatensoßenmischung in 5 heiße, sterilisierte Gläser (1 Pint) verteilen.
5. Füllen Sie nun jedes Glas mit heißer Brühe und lassen Sie dabei einen Zentimeter Platz nach oben.
6. Streichen Sie mit einem Messer an den Innenseiten der Gläser entlang, um Luftblasen zu entfernen.
7. Wischen Sie mit einem sauberen, feuchten Küchentuch alle Essensreste von den Rändern der Gläser ab.
8. Verschließen Sie jedes Gefäß mit einem Deckel und schrauben Sie den Ring auf.
9. Die Gläser vorsichtig in den Druckbehälter stellen und bei 11 Pfund Druck etwa 75 Minuten lang verarbeiten.
10. Nehmen Sie die Gläser aus dem Schnellkochtopf und stellen Sie sie mit einigen Zentimetern Abstand auf eine Holzplatte, damit sie vollständig abkühlen.
11. Drücken Sie nach dem Abkühlen mit dem Finger auf den Deckel jedes Glases, um sicherzustellen, dass er dicht ist.
12. Bewahren Sie diese Einmachgläser an einem kühlen, dunklen Ort auf.

Ernährung: Kalorien 337; Gesamtfett 13,1 g; Gesättigtes Fett 3,2 g; Cholesterin 114 mg; Natrium 968 mg; Kohlenhydrate insgesamt 13,8 g; Ballaststoffe 3,9 g; Zucker 9,6 g; Eiweiß 41,8 g

Gemahlener Truthahn

Zubereitungszeit: 10 Minuten

Kochzeit: 10 Minuten

Einmachzeit: 1¼ Stunden

Portionen: 16

Zutaten

- 4 Pfund Putenhackfleisch
- 4 Teelöffel Salz

Wegbeschreibung

1. Putenhackfleisch in einen großen Topf mit Wasser geben und zum Kochen bringen.
2. Nun die Hitze auf niedrig stellen und etwa 5 Minuten kochen lassen.
3. Das Fleisch vollständig abtropfen lassen.
4. Das Putenhackfleisch und das Salz in 4 heiße, sterilisierte Gläser (1 Pint) verteilen.
5. Füllen Sie nun jedes Glas mit heißem Wasser und lassen Sie dabei einen Zentimeter Platz nach oben.
6. Streichen Sie mit einem Messer an den Innenseiten der Gläser entlang, um Luftblasen zu entfernen.
7. Wischen Sie mit einem sauberen, feuchten Küchentuch alle Essensreste von den Rändern der Gläser ab.
8. Verschließen Sie jedes Gefäß mit einem Deckel und schrauben Sie den Ring auf.
9. Die Gläser vorsichtig in den Druckbehälter stellen und bei 10 Pfund Druck etwa 75 Minuten lang verarbeiten.
10. Nehmen Sie die Gläser aus dem Schnellkochtopf und stellen Sie sie mit einigen Zentimetern Abstand auf eine Holzplatte, damit sie vollständig abkühlen.
11. Drücken Sie nach dem Abkühlen mit dem Finger auf den Deckel jedes Glases, um sicherzustellen, dass er dicht ist.
12. Bewahren Sie diese Einmachgläser an einem kühlen, dunklen Ort auf.

Ernährung: Kalorien 221; Gesamtfett 12,5 g; Gesättigtes Fett 2,1 g; Cholesterin 116 mg; Natrium 703 mg; Kohlenhydrate insgesamt 0 g; Ballaststoffe 0 g; Zucker 0 g; Eiweiß 31 g

Rosmarin-Hähnchen aus der Dose

Zubereitungszeit: 40 Minuten

Kochzeit: 5 Minuten

Portionen: 10 Esslöffel

Zutaten

- 20 2-Zoll-Zweige von Rosmarin
- 10 Pfund Hühnerbrust, ohne Knochen und ohne Haut
- 1/4 Tasse Salz

Wegbeschreibung

1. In jedes sterilisierte Glas einen Zweig Rosmarin geben.

2. Die Hühnerbrüste in große Stücke schneiden und in die Gläser füllen, dabei einen Abstand von 1-1/2 Zoll lassen.

3. Fügen Sie oben einen Zweig Rosmarin hinzu und geben Sie dann einen Esslöffel Salz in jedes Glas.

4. Die Ränder der Gläser mit einem sauberen, feuchten Handtuch abwischen und dann die Deckel und Ringe aufsetzen. Die Gläser in den Druckkonservenbereiter stellen und bei 10 Pfund Druck 75 Minuten lang verarbeiten.

5. Warten Sie, bis der Druck im Dosenöffner auf Null gesunken ist, bevor Sie die Gläser mit einer Kochzange herausnehmen.

6. Stellen Sie die Gläser zum Verschließen 24 Stunden lang auf ein Kühlgestell und lagern Sie sie dann an einem kühlen, trockenen Ort.

Ernährung: Kalorien 182,6; Gesamtfett 7,8 g; Gesättigtes Fett 0,9 g; Kohlenhydrate insgesamt 1,0 g; Nettokohlenhydrate 0,8 g; Eiweiß 18,8 g; Zucker 0 g; Ballaststoffe 0,2 g; Natrium 912,6 mg; Kalium 24,9 mg

Hähnchenbrust in der Dose

Zubereitungszeit: 20 Minuten

Kochzeit: 0 Minuten

Portionen: 5 Esslöffel

Zutaten

- 5 lb. Hühnerbrust
- Salz

Wegbeschreibung

1. Schneiden Sie das Huhn in kleine Stücke, die in die Gläser passen. Das Hähnchen in die sterilisierten Gläser geben und dabei einen Freiraum von 1 Zoll lassen.

2. Geben Sie einen 1/2 Esslöffel Salz in jedes Glas. Sie können Wasser hinzufügen, aber das Huhn bildet seinen eigenen Saft.

3. Entfernen Sie die Luftblasen und wischen Sie die Ränder der Gläser mit einem feuchten Tuch ab.

4. Die Deckel und Ringe auf die Gläser setzen. Die Gläser in den Schnellkochtopf stellen und bei 10 Pfund Druck 75 Minuten lang einkochen.

5. Warten Sie, bis der Druck im Dosenöffner auf Null gesunken ist, bevor Sie die Gläser herausnehmen.

6. Stellen Sie die Gläser für 24 Stunden auf ein Kühlgestell und lagern Sie sie dann an einem kühlen, trockenen Ort.

Ernährung: Kalorien 120; Gesamtfett 2,5 g; Gesättigtes Fett 1,3 g; Kohlenhydrate insgesamt 2,5 g; Nettokohlenhydrate 2,5 g; Eiweiß 25 g; Zucker 0 g; Ballaststoffe 0 g; Natrium 675 mg; Kalium 0 mg

Chili-Mais-Kranich

Zubereitungszeit: 20 Minuten

Kochzeit: 55 Minuten

Einmachzeit: 1¼ Stunden

Portionen: 22

Zutaten

- 1½ Pfund getrocknete Kidneybohnen, über Nacht eingeweicht, abgetropft und abgespült
- 2 Esslöffel Rapsöl
- 1½ Pfund mageres Putenhackfleisch
- 2 mittelgroße gelbe Zwiebeln, gewürfelt
- 3 Knoblauchzehen, gehackt
- ½ Esslöffel Zucker
- 1½ Esslöffel Rinderbrühe-Granulat
- 3 Esslöffel rotes Chilipulver
- 1 Esslöffel gemahlener Kreuzkümmel
- ½ Esslöffel Zwiebelpulver
- ¾ Teelöffel Knoblauchpulver
- Salz, je nach Bedarf
- ½ Teelöffel gemahlener schwarzer Pfeffer
- 3 (14½-Unzen-) Dosen gewürfelte Tomaten
- 3 (14½-Unzen) Dosen Tomatensauce
- 1½ Tassen Wasser

Wegbeschreibung

1. Die Bohnen in einen Topf mit Wasser geben und zum Kochen bringen.
2. Nun die Hitze auf mittlere Stufe stellen und etwa 30 Minuten köcheln lassen.
3. Die Bohnen abgießen und beiseite stellen.
4. In einem Topf mit schwerem Boden das Rapsöl bei mittlerer bis hoher Hitze erhitzen und das Putenhackfleisch etwa 4-6 Minuten anbraten.
5. Zwiebeln und Knoblauch hinzufügen und etwa 6-8 Minuten kochen.
6. Das Fett aus der Pfanne abgießen.
7. Zucker, Rinderbrühe, Gewürze, Salz und schwarzen Pfeffer hinzugeben und etwa 1 Minute kochen lassen.
8. Die gekochten Bohnen, die Tomaten, die Soße und das Wasser einrühren und zum Kochen bringen.
9. Nun die Hitze auf niedrig stellen und etwa 5 Minuten kochen lassen.
10. Das Putenhackfleisch und das Salz in 11 heiße, sterilisierte Gläser (1 Pint) verteilen.
11. Füllen Sie nun jedes Glas mit heißem Wasser und lassen Sie dabei einen Zentimeter Platz nach oben.

12. Streichen Sie mit einem Messer an den Innenseiten der Gläser entlang, um Luftblasen zu entfernen.
13. Wischen Sie mit einem sauberen, feuchten Küchentuch alle Essensreste von den Rändern der Gläser ab.
14. Verschließen Sie jedes Gefäß mit einem Deckel und schrauben Sie den Ring auf.
15. Die Gläser vorsichtig in den Druckbehälter stellen und bei 10 Pfund Druck etwa 75 Minuten lang verarbeiten.
16. Nehmen Sie die Gläser aus dem Schnellkochtopf und stellen Sie sie mit einigen Zentimetern Abstand auf eine Holzplatte, damit sie vollständig abkühlen.
17. Drücken Sie nach dem Abkühlen mit dem Finger auf den Deckel jedes Glases, um sicherzustellen, dass er dicht ist.
18. Bewahren Sie diese Einmachgläser an einem kühlen, dunklen Ort auf.

Ernährung: Kalorien 172; Gesamtfett 4,2 g; gesättigtes Fett 0,8 g; Cholesterin 22 mg; Natrium 344 mg; Kohlenhydrate insgesamt 12,1 g; Ballaststoffe 6,8 g; Zucker 4,7 g; Eiweiß 14,5 g

Huhn Marsala

Zubereitungszeit: 15 Minuten

Kochzeit: 30 Minuten

Einmachzeit: 1¼ Stunden

Portionen: 20

Zutaten

- 6 Pfund Hähnchen ohne Knochen und Haut, in mundgerechte Stücke geschnitten
- Salz und gemahlener schwarzer Pfeffer, je nach Bedarf
- 2-3 Esslöffel Olivenöl
- 1 mittelgroße Zwiebel, gehackt
- 1 Teelöffel Knoblauch, gehackt
- 1 Teelöffel getrockneter Oregano
- 2 Tassen trockener Marsala-Wein
- 8 Tassen Hühnerbrühe
- 5 Tassen Champignons, in Scheiben geschnitten

Wegbeschreibung

1. Die Hähnchenteile großzügig mit Salz und schwarzem Pfeffer einreiben.
2. In einem gusseisernen Wok das Olivenöl bei mittlerer bis hoher Hitze erhitzen und die Hähnchenteile in 4 Portionen etwa 3-5 Minuten anbraten.
3. Jedes gekochte Hähnchen in ein Sieb geben, um überschüssiges Fett abzutropfen.
4. In denselben Wok die Zwiebel geben und etwa 3-4 Minuten anbraten.
5. Knoblauch und Oregano hinzugeben und etwa 1 Minute lang anbraten.
6. Den Wein einrühren und etwa 1 Minute lang kochen lassen.
7. Die Brühe einrühren und zum Kochen bringen.
8. Nun die Hitze auf niedrig stellen und etwa 3-5 Minuten kochen.
9. Die Hähnchenteile und Pilze in 10 heiße, sterilisierte Gläser (1 Pint) verteilen.
10. Füllen Sie nun jedes Glas mit der heißen Kochmischung und lassen Sie dabei einen Zentimeter Platz nach oben.
11. Streichen Sie mit einem Messer an den Innenseiten der Gläser entlang, um Luftblasen zu entfernen.
12. Wischen Sie mit einem sauberen, feuchten Küchentuch alle Essensreste von den Rändern der Gläser ab.
13. Verschließen Sie jedes Gefäß mit einem Deckel und schrauben Sie den Ring auf.
14. Die Gläser vorsichtig in den Druckbehälter stellen und bei 11 Pfund Druck etwa 75 Minuten lang verarbeiten.
15. Nehmen Sie die Gläser aus dem Schnellkochtopf und stellen Sie sie mit einigen Zentimetern Abstand auf eine Holzplatte, damit sie vollständig abkühlen.
16. Drücken Sie nach dem Abkühlen mit dem Finger auf den Deckel jedes Glases, um sicherzustellen, dass es dicht ist.
17. Bewahren Sie diese Einmachgläser an einem kühlen, dunklen Ort auf.

Ernährung: Kalorien 259; Gesamtfett 6,1 g; Gesättigtes Fett 1,5 g; Cholesterin 105 mg; Natrium 401 mg; Kohlenhydrate insgesamt 2,2 g; Ballaststoffe 0,3 g; Zucker 1 g; Eiweiß 42 g

Kapitel 9: Fleisch und Wild

Druckkonserven für Hirschfleisch

Zubereitungszeit: 15 Minuten

Kochzeit: 0 Minuten

Portionen: 6 Esslöffel

Zutaten

- 20 lb. Hirschfleisch
- Knoblauch
- Nicht ionisiertes Salz
- Schwarzer Pfeffer

Wegbeschreibung

1. Das Fleisch so weit wie möglich von Fett und Sehnen befreien und in Würfel schneiden.
2. Das Fleisch fest in Gläser füllen und 2 Knoblauchzehen, 1 Esslöffel Salz und 1/4 Esslöffel Pfeffer auf das Fleisch in jedem Glas geben.
3. Die Ränder der Gläser abwischen und die Deckel und Ringe auf die Gläser setzen. Die Gläser in den Druckkonservierer stellen.
4. Verarbeiten Sie die Gläser 90 Minuten lang bei 15 Pfund Druck.
5. Warten Sie, bis der Druck im Dosenöffner auf Null gesunken ist, bevor Sie die Gläser aus dem Dosenöffner nehmen.
6. Die Gläser ungestört auf ein Kühlgestell stellen und an einem kühlen, trockenen Ort aufbewahren.

Ernährung: Kalorien 120; Gesamtfett 2,4 g; Gesättigtes Fett 1 g; Kohlenhydrate insgesamt 0 g; Nettokohlenhydrate 0 g; Eiweiß 23; Zucker 0 g; Ballaststoffe 0 g; Natrium 51 mg; Kalium 0 mg

Rindfleisch Stroganoff aus der Dose

Zubereitungszeit: 30 Minuten

Kochzeit: 75 Minuten

Portionen: 6

Zutaten

- 1 Teelöffel schwarzer Pfeffer
- 2 Teelöffel Salz
- 2 Teelöffel Thymian
- 2 Teelöffel Petersilie
- 4 Esslöffel Worcestershire-Sauce
- 2 Knoblauchzehen, gehackt
- 1 Tasse Champignons, in Scheiben geschnitten
- 1 Tasse Zwiebel, gehackt
- 2 Pfund Schmorbraten, in Würfel geschnitten
- 4 Tassen Rinderbrühe

Wegbeschreibung

1. Sterilisieren Sie die Flaschen in einem Druckkonservengerät wie in den allgemeinen Richtlinien angegeben. Lassen Sie die Flaschen abkühlen.

2. Alle benötigten Zutaten in einen Topf geben und 10 Minuten lang zum Kochen bringen. Die Hitze reduzieren und weitere 30 Minuten köcheln lassen. Den Herd ausschalten und etwas abkühlen lassen.

3. Die Mischung in sterilisierte Flaschen füllen.

4. Luftblasen entfernen und Gläser verschließen.

5. Die Gläser in einen Druckkonservierer stellen und 75 Minuten lang verarbeiten.

Ernährung: 207 kcal

Chipotle-Rindfleisch aus der Dose

Zubereitungszeit: 15 Minuten

Kochzeit: 75 Minuten

Portionen: 6

Zutaten

- 2 Pfund Rinderbrust, in Würfel geschnitten
- 2 Teelöffel Salz
- 8 Knoblauchzehen, gehackt
- 2 Tassen Zwiebel, gehackt
- 2 Teelöffel Oregano
- ½-Tasse Koriander
- 2 Chipotle-Chilis, gehackt
- 4 Tassen Rinderbrühe

Wegbeschreibung

1. Sterilisieren Sie die Flaschen in einem Druckkonservengerät wie in den allgemeinen Richtlinien angegeben. Lassen Sie die Flaschen abkühlen.

2. Das Rindfleisch in einen Topf geben und ebenfalls mit Salz würzen. Die Hitze einschalten und das Fleisch von allen Seiten 3 Minuten lang anbraten. Knoblauch und Zwiebel hinzugeben. Eine weitere Minute kochen lassen. Die restlichen Zutaten hinzugeben.

3. Den Deckel schließen und das Fleisch 20 Minuten bei mittlerer Hitze köcheln lassen. Den Herd ausschalten und die Mischung leicht abkühlen lassen.

4. Füllen Sie die Mischung in die Flaschen.

5. Luftblasen entfernen und Gläser verschließen.

6. Die Gläser in einen Druckkonservierer stellen und 75 Minuten lang verarbeiten.

Ernährung: 322 kcal

Rindfleischspitzen und Bratensoße

Zubereitungszeit: 35 Minuten

Kochzeit: 10 Minuten

Portionen: 12 Esslöffel

Zutaten

- Esslöffel kaltgepresstes Olivenöl, aufgeteilt
- 12 Pfund Rindergulaschfleisch
- 2 Teelöffel grobes Meersalz (optional)
- 1 Teelöffel gemahlener schwarzer Pfeffer
- Tassen heißes Wasser, aufgeteilt
- ½ Tasse klares Gel
- 12 Knoblauchzehen

Wegbeschreibung

1. In einer tiefen Pfanne bei mittlerer bis hoher Hitze 1 Esslöffel Olivenöl erhitzen. Das Rindfleisch in kleinen Mengen hineingeben und auf jeder Seite etwa 3 Minuten leicht anbraten. Jede Partie mit einer Prise Meersalz und schwarzem Pfeffer würzen, während sie in der Pfanne liegt. Beim Anbraten jeder Portion 1 weiteren Esslöffel Öl hinzufügen. Schnell arbeiten. Das Fleisch darf nicht ganz durchgaren. Die einzelnen Portionen beiseite stellen und das köstliche Bratfett in der Pfanne lassen.
2. Die Pfanne bei mittlerer bis hoher Hitze halten und langsam 4 Tassen heißes Wasser in die Pfanne geben. ClearJel mit dem Schneebesen einrühren und langsam das restliche heiße Wasser hinzufügen, dabei weiterrühren. 2 Minuten lang zum Kochen bringen, dann vom Herd nehmen. Die Soße beiseite stellen.
3. Geben Sie 2 ganze Knoblauchzehen in jedes warme Quartglas und 1 in jedes warme Pintglas. Das Fleisch mit einem Schaumlöffel roh in die Gläser füllen, dabei einen großzügigen Freiraum von 1 Zoll lassen. Die heiße Soßenmischung über das Fleisch gießen, dabei den Luftraum frei lassen. Entfernen Sie eventuelle Luftblasen und fügen Sie bei Bedarf zusätzliche Soße hinzu, um den Luftraum aufrechtzuerhalten.
4. Wischen Sie den Rand jedes Glases mit einem warmen, in destillierten weißen Essig getauchten Waschlappen ab. Setzen Sie einen Deckel und einen Ring auf jedes Glas und ziehen Sie es mit der Hand fest.
5. Gläser in den Druckkonservenbehälter stellen, den Deckel des Druckkonservenbehälters schließen und bei starker Hitze zum Kochen bringen. Den Dosenöffner 10 Minuten lang entlüften lassen. Die Entlüftung schließen und weiter erhitzen, bis ein Druck von 11 PSI bei einem Messgerät und 10 PSI bei einem gewogenen Messgerät erreicht ist. Verarbeiten Sie Quart-Gläser 1 Stunde 30 Minuten lang und Pint-Gläser 1 Stunde 15 Minuten lang.

Ernährung: Kohlenhydrate - 2 g; Fett - 13,2 g; Eiweiß - 8,8 g; Kalorien - 298

Einfaches Antilopenfleisch aus der Dose

Zubereitungszeit: 15 Minuten

Kochzeit: 0 Minuten

Portionen: 6 Esslöffel

Zutaten

- 1 lb. mageres Fleisch, gewürfelt
- 1 Esslöffel gehackter Knoblauch
- 1 Esslöffel Salz
- 1/4 Esslöffel schwarzer Pfeffer, gemahlen
- 4 geschnittene Zwiebeln
- 1 Esslöffel grüne Paprika, gehackt

Wegbeschreibung

1. Das Fleisch in eine Rührschüssel geben und mit Knoblauch, Salz und Pfeffer bestreuen.

2. Die Fleischmischung mit den Zwiebeln und Paprika in sterilisierte Gläser füllen. Lassen Sie einen Freiraum von 1/2 Zoll frei.

3. Wischen Sie den Rand mit einem feuchten Tuch ab und legen Sie die Deckel und die Ringe auf.

4. Stellen Sie die Gläser gemäß den Anweisungen des Herstellers in einen mit Wasser gefüllten Druckkonservierer.

5. Den Deckel aufsetzen und das Wasser zum Kochen bringen. Die Gläser bei 10 Pfund Druck 75 Minuten lang verarbeiten.

6. Warten Sie, bis der Druck im Einkochgerät auf Null gesunken ist, bevor Sie die Gläser aus dem Einkochgerät nehmen.

7. Die Gläser ungestört auf ein Kühlgestell stellen und an einem kühlen, trockenen Ort aufbewahren.

Ernährung: Kalorien 128; Gesamtfett 2,5 g; Gesättigtes Fett 1,0 g; Kohlenhydrate insgesamt 1,7 g; Nettokohlenhydrate 1,4 g; Eiweiß 23,3; Zucker 1 g; Ballaststoffe 0,3 g; Natrium 610 mg; Kalium 205 mg

Schweinefleisch aus der Dose (hausgemacht)

Zubereitungszeit: 1 Stunde

Kochzeit: 2 Stunden

Aushärtungszeit: 2 Tage

Portionen: 3 Gläser

Zutaten

- 2,2 Pfund Schweineschnitzel (Fett abgeschnitten)
- ½ Teelöffel Kur
- 1 ½ Teelöffel koscheres Salz
- ½ Teelöffel Piment
- ½ Teelöffel schwarzer Pfeffer
- 1 Knoblauchzehe (gehackt oder gepresst)
- 3 Lorbeerblätter (1 pro Glas)
- 3 Esslöffel karamellisierte Zwiebel (1 Esslöffel pro Glas)

Wegbeschreibung

1. Das Schweinefleisch in 1-Zoll-Stücke schneiden. Die Paste mit dem Salz mischen. Das Fleisch in eine Schüssel geben, mit der Salz-Pökel-Mischung bestreuen und gut vermischen. Die Schüssel abdecken und für 24 bis 48 Stunden in den Kühlschrank stellen.

2. Das Fleisch nach dem Pökeln herausnehmen, Piment, schwarzen Paprika und Knoblauch hinzugeben und gut vermischen. Das Fleisch in 16-Zoll-Gläser füllen, dabei einen halben Zoll Abstand lassen. Ein Lorbeerblatt und einen Esslöffel karamellisierte Zwiebeln in jedes Glas geben.

3. Die Ränder abwischen, die Deckel aufsetzen und die Bänder fingerfest anschrauben. Die Gläser in einen Druckkonservenbereiter stellen und bei 15 PSI (250F) 70 Minuten lang verarbeiten.

4. Nehmen Sie den Topf vom Herd und lassen Sie den Druck natürlich abfallen. Nehmen Sie die Gläser mit einem Glasheber heraus und stellen Sie sie auf eine mit Handtüchern ausgelegte Arbeitsfläche, damit sie etwa 12 Stunden lang bei Raumtemperatur abkühlen.

5. Entfernen Sie die Bänder, wischen Sie die Gläser ab und prüfen Sie die Dichtungen. An einem kühlen, dunklen und trockenen Ort aufbewahren, bis zu 2-3 Jahre lang.

Ernährung: Kohlenhydrate 2 g; Fett - 19 g; gesättigtes Fett 7 g; Natrium 2155 mg; Kalzium 50 mg; Ballaststoffe 1 g; Zucker 1 g; Kalium 1150 mg; Eisen 4 mg; Vitamin C 1 mg; Eiweiß 63 g; Kalorien 449 kcal

Chili aus der Dose

Zubereitungszeit: 15 Minuten

Kochzeit: 75 Minuten

Portionen: 6

Zutaten

- 3 Tassen trockene Kidneybohnen, über Nacht eingeweicht und abgetropft
- 2 Pfund Rinderhackfleisch
- 1 Tasse Zwiebel, gehackt
- 1 Tasse Paprika, entkernt und gehackt
- 4 Tassen Tomaten, gewürfelt
- 1 Esslöffel Chilischote, entkernt und gehackt

Wegbeschreibung

1. Sterilisieren Sie die Flaschen in einem Druckkonservengerät wie in den allgemeinen Richtlinien angegeben. Lassen Sie die Flaschen abkühlen.
2. Die Bohnen in einen Topf geben und 30 Minuten lang kochen lassen. Die Bohnen abgießen.
3. In einen sauberen Topf die gekochten Bohnen und die restlichen Zutaten geben. Weitere 20 Minuten kochen lassen.
4. Füllen Sie die Mischung in die sterilisierten Flaschen. Lassen Sie einen Zentimeter Freiraum.
5. Luftblasen entfernen und Gläser verschließen.
6. Die Gläser in einen Druckkonservierer stellen und 75 Minuten lang verarbeiten. Befolgen Sie die Richtlinien für das Einmachen unter Druck.

Ernährung: 412 kcal

Schinken

Zubereitungszeit: 15 Minuten

Kochzeit: 40 Minuten

Einmachzeit: 1¼ Stunden

Portionen: 40

Zutaten

- 19 Pfund Schinken, in ½-Zoll-Würfel geschnitten

Wegbeschreibung

1. Eine leicht eingefettete große gusseiserne Pfanne bei mittlerer bis hoher Hitze erhitzen und die Schinkenstücke in 8 Durchgängen etwa 3-5 Minuten anbraten.
2. Die Schinkenwürfel in 10 heiße, sterilisierte Gläser (1 Pint) verteilen.
3. Füllen Sie nun jedes Glas mit heißem Wasser und lassen Sie dabei einen Zentimeter Platz nach oben.
4. Streichen Sie mit einem Messer an den Innenseiten der Gläser entlang, um Luftblasen zu entfernen.
5. Wischen Sie alle Essensreste mit einem sauberen, feuchten Küchentuch von den Rändern der Gläser ab.
6. Verschließen Sie jedes Gefäß mit einem Deckel und schrauben Sie den Ring auf.
7. Die Gläser vorsichtig in den Druckbehälter stellen und bei 11 Pfund Druck etwa 75 Minuten lang verarbeiten.
8. Nehmen Sie die Gläser aus dem Schnellkochtopf und stellen Sie sie mit einigen Zentimetern Abstand auf eine Holzplatte, damit sie vollständig abkühlen.
9. Drücken Sie nach dem Abkühlen mit dem Finger auf den Deckel jedes Glases, um sicherzustellen, dass er dicht ist.
10. Bewahren Sie diese Einmachgläser an einem kühlen, dunklen Ort auf.

Ernährung: Kalorien 351; Gesamtfett 18,5 g; Gesättigtes Fett 6,3 g; Cholesterin 123 mg; Natrium 1.568 mg; Kohlenhydrate insgesamt 8,3 g; Ballaststoffe 2,8 g; Zucker 0 g; Eiweiß 35,8 g

Chile Con Carne

Zubereitungszeit: 10 min

Kochzeit: 1 Stunde

Portionen: 2

Zutaten

- Wasser (5 ½ Tassen)
- Tomaten, ganz/zerdrückt (2 Quarts)
- Paprika, gewürfelt (1 Tasse)
- Rindfleisch, gemahlen (3 Pfund)
- Chilipulver (5 Esslöffel)
- Rote Kidney-/Pinto-Bohnen, getrocknet (3 Tassen)
- Salz, aufgeteilt (5 Teelöffel)
- Zwiebeln, gewürfelt (1 ½ Tassen)
- Schwarzer Pfeffer (1 Teelöffel)

Wegbeschreibung

1. Waschen Sie die Bohnen gründlich, bevor Sie sie in einen Topf (2 Liter) geben. Mit kaltem Wasser bedecken und zwölf Stunden lang stehen lassen.

2. Die eingeweichten Bohnen abgießen und in einen mit Süßwasser (5 ½ Tassen) und Salz (2 Teelöffel) gefüllten Topf geben. Umrühren und zum Kochen bringen, dann eine halbe Stunde lang köcheln lassen.

3. Die gekochten Bohnen abgießen und zurück in den Topf geben. 3 Teelöffel Salz, Chilipulver, Pfeffer und Tomaten einrühren. Die Mischung fünf Minuten lang köcheln lassen; die Mischung darf nicht eindicken.

4. Gießen Sie die Mischung in saubere und heiße Mason-Gläser, wobei in jedem Glas noch ein Zentimeter Platz sein sollte. Entfernen Sie alle Luftblasen, bevor Sie die Gläser verschließen.

5. In den Druckbehälter geben und 1 Stunde und 25 Minuten lang verarbeiten.

Ernährung: 464 kcal

Rindfleisch Paprika

Zubereitungszeit: 10 min

Kochzeit: 1 Stunde

Portionen: 6

Zutaten

- 1 geschnittene Zwiebel
- 2 Esslöffel Mehl
- 1/4 Teelöffel schwarzer Pfeffer
- 1/4 Teelöffel Salz
- 2 gehackte Knoblauchzehen
- 2 gehackte rote Paprikaschoten
- 2 Esslöffel süßer Paprika
- 1/2 Tasse Rinderbrühe
- 2 Esslöffel Tomatenmark
- 1/2 Tasse saure Sahne
- 1 Teelöffel Kümmel
- 1/4 Tasse gehackter frischer Dill
- 2 Pfund Rindfleisch in Dosen

Wegbeschreibung

1. Zwiebeln in einen langsamen Kocher geben.
2. In einer kleinen Schüssel das Rindfleisch in Mehl wenden und mit Salz und Pfeffer würzen.
3. Zwiebeln mit gewürztem Rindfleisch belegen.
4. Über den Knoblauch und die Paprikaschoten im langsamen Kocher verteilen.
5. In einer separaten kleinen Schüssel Paprika, Brühe, Kümmel und Tomatenmark vermischen.
6. Sauce über das Rindfleisch gießen.
7. Zugedeckt 4 Stunden auf hoher oder 8 Stunden auf niedriger Stufe kochen.
8. Den Deckel abnehmen und die Hitze ausschalten; 10 Minuten stehen lassen.
9. Dill und saure Sahne einrühren.

Ernährung: 768 kcal

Fleischbrühe

Zubereitungszeit: 10 min

Kochzeit: +1 Stunde

Portionen: 2

Zutaten

- Rind-/Hühnerknochen
- Wasser

Wegbeschreibung

Bei der Herstellung von Rinderbrühe:

1. Nach dem Brechen der Rinderknochen (frisch zurechtgeschnitten) diese abspülen und in einen Suppentopf geben, der mit so viel Wasser gefüllt ist, dass die Knochen bedeckt sind. Zum Kochen bringen und dann etwa drei bis vier Stunden köcheln lassen.

2. Die Knochen entsorgen und die Brühe abkühlen lassen, bevor das überschüssige Fett abgeschöpft wird. Die Brühe erneut erhitzen und in saubere und heiße Mason-Gläser füllen, wobei in jedem Glas noch ein Zentimeter Platz bleibt.

3. Nach dem Entfernen der Luftblasen die Deckel aufsetzen und 20 Minuten (Pints) bzw. 25 Minuten (Quarts) im Druckkonservengerät verarbeiten.

Bei der Herstellung von Hühner-/Truthahnbrühe:

4. Füllen Sie einen großen Suppentopf mit Ihren großen Hühner- oder Truthahnknochen. Gießen Sie so viel Wasser hinein, dass die Knochen bedeckt sind, und lassen Sie sie zugedeckt dreißig bis fünfundvierzig Minuten köcheln.

5. Die Knochen entsorgen und die Brühe abkühlen lassen, bevor das überschüssige Fett entfernt wird. Erneut erhitzen und in saubere und heiße Mason-Gläser mit einem Zoll Abstand zum Boden füllen.

6. Passen Sie die Deckel der Gläser an, bevor Sie sie für 75 Minuten (für Pint-Gläser) oder 90 Minuten (für Quart-Gläser) in den Druckkonservenapparat stellen.

Ernährung: 361 kcal

Aprikosen-Schweinefleisch

Zubereitungszeit: 10 min

Kochzeit: 1 Stunde

Portionen: 4

Zutaten

- 1/2 Teelöffel Salz
- 1/2 Teelöffel getrockneter Thymian
- 1 Pfund Schweinefleisch in Dosen
- 2 Esslöffel Olivenöl
- 1 geschnittene Zwiebel
- 1 Esslöffel Butter
- 2 Esslöffel Aprikosenkonfitüre
- 1/2 Tasse Hühnerbrühe
- 1 Esslöffel Dijon-Senf

Wegbeschreibung

1. Das Schweinefleisch auf beiden Seiten mit Salz und Thymian bestreuen.
2. In einer Pfanne in Öl bei mittlerer Hitze 3 Minuten pro Seite braten, nicht zu viel.
3. Aus der Pfanne nehmen und die Butter in der Pfanne schmelzen.
4. Die Zwiebel 3 Minuten lang kochen. Danach Marmelade, Senf und Brühe hinzufügen.
5. Unter ständigem Rühren zum Kochen bringen.
6. Abdecken und die Hitze auf mittlere bis niedrige Stufe stellen, dann 5 Minuten köcheln lassen.
7. Das Schweinefleisch wieder in die Pfanne geben und mit der Soße überziehen.
8. Wiederum zugedeckt mindestens 5 Minuten köcheln lassen, um das Schweinefleisch durchzuwärmen.

Ernährung: 768 kcal

Kapitel 10: Fisch

Lachs

Zubereitungszeit: 10 Minuten

Kochzeit: 1 Stunde 50 Minuten

Portionen: 16

Zutaten

- 4 Pfund Lachsfilets ohne Haut und ohne Knochen
- 2 Teelöffel Kochsalz
- 16 Pfefferkörner
- 8 Teelöffel Olivenöl

Wegbeschreibung

1. Den Lachs, das Salz, die Pfefferkörner und das Öl in 8 heiße, sterilisierte Gläser (½ Pint) geben, so dass ein Abstand von 1 Zoll nach oben bleibt.

2. Streichen Sie mit einem Messer an den Innenseiten der Gläser entlang, um Luftblasen zu entfernen.

3. Wischen Sie mit einem sauberen, feuchten Küchentuch alle Essensreste von den Rändern der Gläser ab.

4. Verschließen Sie jedes Gefäß mit einem Deckel und schrauben Sie den Ring auf.

5. Die Gläser vorsichtig in den Druckkonservierer stellen und bei 10 Pfund Druck etwa 110 Minuten lang verarbeiten.

6. Nehmen Sie die Gläser aus dem Schnellkochtopf und stellen Sie sie mit einigen Zentimetern Abstand auf eine Holzplatte, damit sie vollständig abkühlen.

7. Drücken Sie nach dem Abkühlen mit dem Finger auf den Deckel jedes Glases, um sicherzustellen, dass er dicht ist.

8. Bewahren Sie diese Einmachgläser an einem kühlen, dunklen Ort auf.

Ernährung: Kalorien 162; Gesamtfett 6,4 g; Gesättigtes Fett 1,9 g; Cholesterin 66 mg; Natrium 281 mg; Kohlenhydrate insgesamt 0 g; Ballaststoffe 0 g; Zucker 0 g; Eiweiß 25,3 g

Forelle

Zubereitungszeit: 10 Minuten

Kochzeit: 1 Stunde 40 Minuten

Portionen: 20

Zutaten

- 5 Pfund Forellenfilets
- 2½ Teelöffel Salz

Wegbeschreibung

1. Die Forellen und das Salz in 10 heiße, sterilisierte Gläser (½ Pint) geben, wobei ein Abstand von 1 Zoll nach oben eingehalten werden muss.

2. Streichen Sie mit einem Messer an den Innenseiten der Gläser entlang, um Luftblasen zu entfernen.

3. Wischen Sie mit einem sauberen, feuchten Küchentuch alle Essensreste von den Rändern der Gläser ab.

4. Verschließen Sie jedes Gefäß mit einem Deckel und schrauben Sie den Ring auf.

5. Stellen Sie die Gläser vorsichtig in den Druckbehälter und verarbeiten Sie sie bei einem Druck von 10 Pfund für etwa 100 Minuten.

6. Nehmen Sie die Gläser aus dem Schnellkochtopf und stellen Sie sie mit einigen Zentimetern Abstand auf eine Holzplatte, damit sie vollständig abkühlen.

7. Drücken Sie nach dem Abkühlen mit dem Finger auf den Deckel jedes Glases, um sicherzustellen, dass er dicht ist.

8. Bewahren Sie diese Einmachgläser an einem kühlen, dunklen Ort auf.

Ernährung: Kalorien 215; Gesamtfett 9,6 g; Gesättigtes Fett 1,7 g; Cholesterin 84 mg; Natrium 368 mg; Kohlenhydrate insgesamt 0 g; Ballaststoffe 0 g; Zucker 0 g; Eiweiß 30,2 g

Krabben

Zubereitungszeit: 15 Minuten

Kochzeit: 5 Minuten

Einmachzeit: 45 Minuten

Portionen: 16

Zutaten

- 8 Tassen Wasser
- 1 Tasse Essig
- 1 Tasse Salz
- 3 Esslöffel Salz
- 4 Pfund Garnelen

Wegbeschreibung

1. Wasser, Essig und Salz in einen großen Topf geben und zum Kochen bringen.
2. Die Garnelen in das kochende Wasser geben und es sofort vom Herd nehmen.
3. Etwa 10 Minuten beiseite stellen.
4. Mit einem Schaumlöffel die Garnelen in eine Schüssel mit kaltem Wasser geben.
5. Die Garnelen abtropfen lassen und dann schälen.
6. Tauchen Sie die Garnelen sofort in denselben Topf mit Wasser.
7. Die Garnelen in 8 (1-Pint) heiße, sterilisierte Gläser verteilen.
8. Füllen Sie jedes Glas mit heißer Kochflüssigkeit und lassen Sie dabei einen Zentimeter Platz nach oben.
9. Streichen Sie mit einem Messer an den Innenseiten der Gläser entlang, um Luftblasen zu entfernen.
10. Wischen Sie mit einem sauberen, feuchten Küchentuch alle Essensreste von den Rändern der Gläser ab.
11. Verschließen Sie jedes Gefäß mit einem Deckel und schrauben Sie den Ring auf.
12. Die Gläser vorsichtig in den Druckbehälter stellen und bei 10 Pfund Druck etwa 45 Minuten lang verarbeiten.
13. Nehmen Sie die Gläser aus dem Schnellkochtopf und stellen Sie sie mit einigen Zentimetern Abstand auf eine Holzplatte, damit sie vollständig abkühlen.
14. Drücken Sie nach dem Abkühlen mit dem Finger auf den Deckel jedes Glases, um sicherzustellen, dass er dicht ist.
15. Bewahren Sie diese Einmachgläser an einem kühlen, dunklen Ort auf.

Ernährung: Kalorien 138; Gesamtfett 1,9 g; Gesättigtes Fett 0,6 g; Cholesterin 239 mg; Natrium 1.690 mg; Kohlenhydrate insgesamt 1,9 g; Ballaststoffe 0 g; Zucker 0,1 g; Eiweiß 25,8 g

McDonald's Druckkonserven Fisch

Zubereitungszeit: 20 Minuten

Kochzeit: 0 Minuten

Portionen: 10 Esslöffel

Zutaten

- 20 11" blaue Rückseiten
- Zwiebeln
- 2 Esslöffel Pökelsalz
- 9 Esslöffel weißer Essig
- 9 Esslöffel Ketchup

Wegbeschreibung

1. Den Fisch säubern, von der Haut befreien und in 2 Stücke schneiden.

2. In einer kleinen Schüssel Salz, Essig und Ketchup vermischen.

3. Nun schichten Sie die Zutaten in die sterilisierten Gläser, so dass Sie mit Fisch, Zwiebeln und einem Esslöffel der Essigmischung beginnen. Wiederholen Sie den Vorgang mit allen Gläsern und lassen Sie einen Abstand von 1/4 Zoll.

4. Wischen Sie die Ränder ab und setzen Sie die Deckel und Ringe auf die Gläser.

5. Stellen Sie die Gläser in den Druckbehälter und verarbeiten Sie sie bei 11 lb. 100 Minuten lang.

6. Warten Sie, bis der Druck im Dosenöffner auf Null gesunken ist, bevor Sie die Gläser herausnehmen.

7. Stellen Sie die Gläser für 24 Stunden auf ein Kühlgestell und lagern Sie sie dann an einem kühlen, trockenen Ort.

Ernährung: Kalorien 138; Gesamtfett 4g; Gesättigtes Fett 0,2g; Kohlenhydrate insgesamt 0g; Nettokohlenhydrate 0g; Eiweiß 25; Zucker 0g; Ballaststoffe 0g; Natrium 560mg; Kalium 0mg

Zubereitungszeit: 30 Minuten

Kochzeit: 10 Minuten

Portionen: 6 Esslöffel

Zutaten

- 5 lb. Austern
- Salz
- Wasser

Wegbeschreibung

1. Waschen Sie die Austern in sauberem Wasser und erhitzen Sie sie dann 7 Minuten lang im Ofen bei 400 F, um sie zu öffnen.

2. Sie in eiskaltem Wasser abkühlen. Das Fleisch herausnehmen und in salzhaltiges Wasser legen.

3. Das Fleisch abtropfen lassen und in die Gläser füllen, wobei ein Freiraum von einem Zentimeter verbleibt. In jedes Einmachglas 1/2 Esslöffel Salz geben und mit Wasser auffüllen, so dass der Luftraum erhalten bleibt.

4. Wischen Sie die Ränder der Gläser ab und legen Sie dann die Deckel und die Ringe auf.

5. Verarbeiten Sie die Gläser 75 Minuten lang bei 10 Pfund Druck.

6. Warten Sie, bis der Druck im Dosenöffner auf Null gesunken ist, bevor Sie die Gläser aus dem Dosenöffner nehmen.

7. Die Gläser ungestört auf ein Kühlgestell stellen und an einem kühlen, trockenen Ort aufbewahren.

Ernährung: Kalorien 68; Gesamtfett 3g; Gesättigtes Fett 1,7g; Kohlenhydrate insgesamt 0g; Nettokohlenhydrate 0g; Eiweiß 7; Zucker 0g; Ballaststoffe 0g; Natrium 87mg; Kalium 0mg

Makrele

Zubereitungszeit: 10 Minuten

Kochzeit: 1 Stunde 40 Minuten

Portionen: 20

Zutaten

- 5 Pfund Makrelenfilets
- 2½ Teelöffel Salz
- 1 Teelöffel Paprika

Wegbeschreibung

1. Makrele, Salz und Paprika in 10 heiße, sterilisierte Gläser (½ Pint) verteilen, dabei einen Zentimeter Abstand zum oberen Rand lassen.

2. Streichen Sie mit einem Messer an den Innenseiten der Gläser entlang, um Luftblasen zu entfernen.

3. Wischen Sie mit einem sauberen, feuchten Küchentuch alle Essensreste von den Rändern der Gläser ab.

4. Verschließen Sie jedes Gefäß mit einem Deckel und schrauben Sie den Ring auf.

5. Stellen Sie die Gläser vorsichtig in den Druckbehälter und verarbeiten Sie sie bei einem Druck von 10 Pfund für etwa 100 Minuten.

6. Nehmen Sie die Gläser aus dem Schnellkochtopf und stellen Sie sie mit einigen Zentimetern Abstand auf eine Holzplatte, damit sie vollständig abkühlen.

7. Drücken Sie nach dem Abkühlen mit dem Finger auf den Deckel jedes Glases, um sicherzustellen, dass er dicht ist.

8. Bewahren Sie diese Einmachgläser an einem kühlen, dunklen Ort auf.

Ernährung: Kalorien 297; Gesamtfett 20,2 g; Gesättigtes Fett 4,7 g; Cholesterin 85 mg; Natrium 385 mg; Kohlenhydrate insgesamt 0,1 g; Ballaststoffe 0 g; Zucker 0 g; Eiweiß 27,1 g

Thunfisch

Zubereitungszeit: 10 Minuten

Kochzeit: 1 Stunde 40 Minuten

Portionen: 10

Zutaten

- 2½ Pfund Thunfisch ohne Knochen und ohne Haut, in 4-Zoll-Stücke geschnitten
- 3 Teelöffel koscheres Salz

Wegbeschreibung

1. Die Thunfischstücke und das Salz in 5 (½-pint) heiße, sterilisierte Gläser verteilen.
2. Füllen Sie jedes Glas mit Wasser und lassen Sie dabei einen Zentimeter Platz nach oben.
3. Streichen Sie mit einem Messer an den Innenseiten der Gläser entlang, um Luftblasen zu entfernen.
4. Wischen Sie mit einem sauberen, feuchten Küchentuch alle Essensreste von den Rändern der Gläser ab.
5. Verschließen Sie jedes Gefäß mit einem Deckel und schrauben Sie den Ring auf.
6. Stellen Sie die Gläser vorsichtig in den Druckbehälter und verarbeiten Sie sie bei einem Druck von 10 Pfund für etwa 100 Minuten.
7. Nehmen Sie die Gläser aus dem Schnellkochtopf und stellen Sie sie mit einigen Zentimetern Abstand auf eine Holzplatte, damit sie vollständig abkühlen.
8. Drücken Sie nach dem Abkühlen mit dem Finger auf den Deckel jedes Glases, um sicherzustellen, dass er dicht ist.
9. Bewahren Sie diese Einmachgläser an einem kühlen, dunklen Ort auf.

Ernährung: Kalorien 211; Gesamtfett 9,2 g; Gesättigtes Fett 1,9 g; Cholesterin 35 mg; Natrium 754 mg; Kohlenhydrate insgesamt 0 g; Ballaststoffe 0 g; Zucker 0 g; Eiweiß 30,1 g

Druckkonserven-Lachs

Zubereitungszeit: 20 Minuten,

Kochzeit: 0 Minuten,

Portionen: 6 Esslöffel

Zutaten

- 5 Pfund Lachs
- Salz

Wegbeschreibung

1. Nehmen Sie den Lachs sofort nach dem Fang aus und reinigen Sie ihn dann gründlich mit klarem Wasser.

2. Kühlen Sie ihn, bis Sie ihn unter Druck eindosen können. Entfernen Sie den Schwanz, den Kopf und die Flossen. Teilen Sie den Fisch der Länge nach und schneiden Sie ihn in kleine Stücke, die perfekt in Ihre Gläser passen.

3. Den Fisch in sterilisierte Gläser füllen und dabei einen Freiraum von 1 Zoll lassen. Nach Belieben einen Esslöffel Salz in jedes Glas geben.

4. Wischen Sie die Ränder der Gläser mit einem feuchten Papiertuch ab und legen Sie die Deckel und Ringe auf die Gläser.

5. Die Gläser bei 11 Pfund Druck 100 Minuten lang im Druckkonservengerät verarbeiten.

6. Warten Sie, bis der Druck im Dosenöffner auf Null gesunken ist, bevor Sie die Gläser herausnehmen.

7. Stellen Sie die Gläser für 24 Stunden auf ein Kühlgestell und lagern Sie sie dann an einem kühlen, trockenen Ort.

Ernährung: Kalorien 121; Gesamtfett 5,4 g; Gesättigtes Fett 1,3 g; Kohlenhydrate insgesamt 0 g; Nettokohlenhydrate 0 g; Eiweiß 17; Zucker 0 g; Ballaststoffe 0 g; Natrium 37,4 mg; Kalium 0 mg

Druckkonserven Hackfleischmuscheln

Zubereitungszeit: 20 Minuten

Kochzeit: 0 Minuten

Portionen: 5 Esslöffel

Zutaten

- 5 Pfund Venusmuschel
- 3 Esslöffel Salz
- 2 Esslöffel Zitronensaft

Wegbeschreibung

1. Halten Sie die Muscheln in Eiswürfeln kalt, bis Sie bereit sind, sie unter Druck zu konservieren.
2. Die Muscheln abschrubben und 5 Minuten lang in Wasser einweichen. Die Muscheln öffnen und das Fleisch herausnehmen. Den Saft aufbewahren.
3. Geben Sie einen halben Liter Wasser in eine Schüssel und fügen Sie höchstens 3 Esslöffel Salz hinzu. Das Muschelfleisch in dem Salzwasser waschen.
4. Wasser in einen flachen Topf geben und den Zitronensaft hinzufügen. Das Wasser zum Kochen bringen. Das Muschelfleisch hinzufügen und 2 Minuten lang kochen lassen.
5. Den reservierten Bratensaft bis zum Siedepunkt erhitzen.
6. Das Fleisch abtropfen lassen und in den Fleischwolf oder eine Küchenmaschine geben.
7. 3/4 Tasse gehackte Venusmuscheln in ein halbes Glas füllen und einen Freiraum von 1 Zoll lassen. Den Saft der Muscheln hinzufügen, wobei der Kopfraum erhalten bleibt.
8. Eventuelle Luftblasen entfernen und bei Bedarf mehr Muschelsaft hinzufügen. Falls der Muschelsaft zur Neige geht, kochendes Wasser hinzufügen.
9. Wischen Sie die Ränder ab und setzen Sie die Deckel und die Ringe auf die Einmachgläser. Die Gläser 60 Minuten lang bei 10 Pfund Druck verarbeiten
10. Warten Sie, bis der Druck im Dosenöffner auf Null gesunken ist, bevor Sie die Gläser herausnehmen.
11. Die Gläser ungestört auf ein Kühlgestell stellen und an einem kühlen, trockenen Ort aufbewahren.

Ernährung: Kalorien 148; Gesamtfett 2g; Gesättigtes Fett 0,3g; Kohlenhydrate insgesamt 5,1g; Nettokohlenhydrate 5,1g; Eiweiß 25,5; Zucker 0g; Ballaststoffe 0g

Thunfisch in der Druckdose

Zubereitungszeit: 20 Minuten

Kochzeit: 0 Minuten

Portionen: 6 Esslöffel

Zutaten

- 5 lb. Thunfisch
- Salz

Wegbeschreibung

1. Schälen Sie die Haut mit einem scharfen Küchenmesser ab und kratzen Sie die Oberfläche ab, um die Blutgefäße zu entfernen.

2. Schneiden Sie den Fisch der Länge nach durch und dann in Stücke, die in ein Einweckglas passen.

3. Salz in jedes Glas geben.

4. Wenn Sie den Thunfisch vorgekocht haben, fügen Sie den Fisch, etwas Pflanzenöl und einen Esslöffel Salz pro Pint-Glas hinzu.

5. Wischen Sie die Ränder ab und setzen Sie die Deckel und Ringe auf die Gläser. Die Gläser bei 10 Pfund Druck 100 Minuten lang verarbeiten.

6. Warten Sie, bis der Druck im Dosenöffner auf Null gesunken ist, bevor Sie die Gläser herausnehmen.

7. Stellen Sie die Gläser für 24 Stunden auf ein Kühlgestell und lagern Sie sie dann an einem kühlen, trockenen Ort.

Ernährung: Kalorien 191; Gesamtfett 1,4 g; Gesättigtes Fett 0,7 g; Kohlenhydrate insgesamt 0 g; Nettokohlenhydrate 0 g; Eiweiß 42; Zucker 0 g; Ballaststoffe 0 g; Natrium 83 mg; Kalium 0 mg

Ganze Venusmuscheln in der Druckdose

Zubereitungszeit: 20 Minuten

Kochzeit: 10 Minuten

Portionen: 7 Esslöffel

Zutaten

- 5 Pfund Venusmuschel
- 3 Esslöffel Salz
- 2 Esslöffel Zitronensaft

Wegbeschreibung

1. Halten Sie die Muscheln in Eiswürfeln kalt, bis Sie bereit sind, sie unter Druck zu konservieren.

2. Die Muscheln abschrubben und 5 Minuten lang in Wasser einweichen. Die Muscheln öffnen und das Fleisch herausnehmen. Den Saft aufbewahren.

3. Geben Sie einen halben Liter Wasser in eine Schüssel und fügen Sie höchstens 3 Esslöffel Salz hinzu. Das Muschelfleisch in dem Salzwasser waschen.

4. Wasser in einen flachen Topf geben und den Zitronensaft hinzufügen. Das Wasser zum Kochen bringen. Das Muschelfleisch hinzufügen und 2 Minuten lang kochen lassen.

5. Den reservierten Bratensaft bis zum Siedepunkt erhitzen.

6. Das Fleisch abtropfen lassen und locker in die Gläser füllen, dabei einen Zentimeter Abstand lassen. Den heißen Lammsaft über das Fleisch gießen und die Luftblasen entfernen.

7. Sie können kochendes Wasser hinzufügen, wenn Sie keinen Muschelsaft mehr haben.

8. Wischen Sie die Ränder ab und setzen Sie die Deckel und Ringe auf die Gläser. Die Gläser 60 Minuten lang bei 10 Pfund Druck verarbeiten

9. Warten Sie, bis der Druck im Dosenöffner auf Null gesunken ist, bevor Sie die Gläser herausnehmen.

10. Die Gläser 12-24 Stunden lang ungestört auf ein Kühlgestell stellen und dann an einem kühlen, trockenen Ort aufbewahren.

Ernährung: Kalorien 148; Gesamtfett 2g; Gesättigtes Fett 0,3g; Kohlenhydrate insgesamt 5,1g; Nettokohlenhydrate 5,1g; Eiweiß 25,5; Zucker 0g; Ballaststoffe 0g

Druckkonserven-Garnelen

Zubereitungszeit: 20 Minuten

Kochzeit: 0 Minuten

Portionen: 10 Esslöffel

Zutaten

- 10 lb. Garnelen
- 1/4 Tasse Salz
- 1 Tasse Essig

Wegbeschreibung

1. Entfernen Sie die Köpfe, sobald Sie die Garnelen gefangen haben, und kühlen Sie sie, bis Sie sie aufbewahren möchten.

2. Die Shrimps waschen und gut abtropfen lassen.

3. Einen halben Liter Wasser in einen Topf geben, dann Salz und Essig hinzufügen. Zum Kochen bringen und die Garnelen 10 Minuten lang kochen.

4. Die Garnelen mit einer Schaumkelle aus der Kochflüssigkeit nehmen, in kaltem Wasser abspülen und abtropfen lassen. Die Garnelen schälen und in die sterilisierten Gläser füllen.

5. Einen halben Liter Wasser mit 3 Esslöffeln Salz zum Kochen bringen. Die Salzlake in die Gläser geben und die Luftblasen entfernen. Falls erforderlich, mehr Salzlake hinzufügen.

6. Wischen Sie die Ränder der Gläser mit einem in Essig getränkten Tuch ab. Legen Sie die Deckel und die Ringe auf.

7. Verarbeiten Sie die Gläser bei 10 Pfund Druck für 45 Minuten

8. Warten Sie, bis der Druck im Dosenöffner auf Null gesunken ist, bevor Sie die Gläser herausnehmen.

9. Die Gläser ungestört auf ein Kühlgestell stellen und an einem kühlen, trockenen Ort aufbewahren.

Ernährung: Kalorien 100; Gesamtfett 2g; Gesättigtes Fett 0,8g; Gesamtkohlenhydrate 1g; Nettokohlenhydrate 1g; Protein 15g; Zucker 0g; Ballaststoffe 0g

Kapitel 11: Mahlzeiten im Glas

Corned Beef und Kartoffeln

Zubereitungszeit: 20 Minuten

Kochzeit: 30 Minuten

Portionen: 8

Zutaten

- 8 Tassen Wasser
- 1 Esslöffel Beizgewürzmischung
- 4-5 Pfund hausgepökelte Rinderbrust, ohne Fett, in 1-Zoll-Würfel geschnitten
- 8-10 Tassen geschälte Russet-Kartoffeln, 1-Zoll-Würfel

Wegbeschreibung

1. Wasser in einem Kessel zum Kochen bringen.
2. In der Zwischenzeit geben Sie 1/4 Esslöffel der Gewürzmischung in jedes Quart-Glas.
3. Brisket und Kartoffeln in die Gläser schichten. Einen Zentimeter Freiraum lassen.
4. Füllen Sie die Gläser mit abgekochtem Wasser. Einen Zentimeter Abstand lassen.
5. Luftblasen entfernen, um den Luftraum anzupassen. Die Ränder der Gläser mit einem sauberen, feuchten Handtuch abwischen.
6. Bringen Sie nun 2-teilige Metallkappen an.
7. Pint-Gläser in einem Druckkonservengerät etwa 85 Minuten lang bei einem Druck von 11 Pfund (bei Verwendung eines Dosengeräts mit Messuhr) oder 10 Pfund (bei Verwendung eines Dosengeräts mit Gewichtsanzeige) verarbeiten.

Ernährung: Kalorien, 465; Gesamtfett 15,9 g; Gesättigtes Fett 6 g; Kohlenhydrate insgesamt 0 g; Nettokohlenhydrate 0 g; Eiweiß 99,4 g

Ungarisches Gulasch aus der Dose

Zubereitungszeit: 10 Minuten

Kochzeit: 30 Minuten

Portionen: 10

Zutaten

- 4 Esslöffel ungarisches Paprikapulver
- Pfeffer und Salz nach Geschmack
- 2 Esslöffel Senf, trocken
- 1 Esslöffel Olivenöl
- 4 geviertelte Zwiebeln
- 4 gehackte Knoblauchzehen
- 4 lb. Rindfleisch
- 4 in Scheiben geschnittene Karotten
- 6 gewürfelte Kartoffeln
- 2 gewürfelte Paprikaschoten
- 6 Tassen Wasser
- 1/2 Tasse Rotweinessig
- 1 Dose Tomatenmark

Wegbeschreibung

1. Ungarische Paprika, Pfeffer, Salz und Senf in einer Schüssel mischen.

2. Öl in einem großen Topf erhitzen und Zwiebeln und Knoblauch darin anbraten.

3. Das Rindfleisch tief in die Gewürzmischung tauchen und dann in den Suppentopf geben, um es leicht zu bräunen.

4. Rindfleisch, Karotten, Kartoffeln und Paprika in Einmachgläser schichten.

5. Nun Wasser, Essig und Tomatenmark in den Suppentopf geben. Mit den Gewürzen mischen und die Mischung zum Kochen bringen.

6. Schöpfen Sie die Flüssigkeit in Gläser mit geschichtetem Inhalt und entfernen Sie alle Luftblasen in den Gläsern. Lassen Sie einen Freiraum von einem Zentimeter.

7. Verschließen Sie die Gläser und stellen Sie sie in einen Druckkonservierer.

8. Etwa 90 Minuten lang bei einem Druck von 10 Pfund auf einer Höhenbasis verarbeiten.

Ernährung: Kalorien 509; Gesamtfett 14 g; Gesättigtes Fett 4,6 g; Kohlenhydrate insgesamt 34,4 g; Nettokohlenhydrate 27,4 g; Eiweiß 59,9 g

Knoblauch-Rindfleisch-Stroganoff aus der Dose

Zubereitungszeit: 10 Minuten

Kochzeit: 30 Minuten

Portionen: 10

Zutaten

- 1 Esslöffel Butter
- 3-4 Pfund Rindfleisch
- 4 fein gehackte Knoblauchzehen
- 2 fein gehackte Zwiebeln
- 4 Tassen geschnittene Champignons
- 2 Esslöffel Worcestershire-Sauce
- 4 Tassen Wasser
- Pfeffer und Salz nach Geschmack

Wegbeschreibung

1. Butter in einen Suppentopf geben und Rindfleisch, Knoblauch, Zwiebeln und Pilze anbraten, bis sie leicht gebräunt sind.
2. Soße und Wasser einrühren. Dies dient zum Ablöschen des Suppentopfs. Den Boden des Suppentopfs abkratzen, um geschmacksintensive Stücke zu lösen.
3. 1 Tasse Wasser hinzufügen, umrühren und zum Kochen bringen.
4. Stroganoff in sterilisierte Gläser füllen, dabei darauf achten, dass die Sauce gleichmäßig verteilt wird.
5. Verschließen Sie die Gläser und stellen Sie sie in einen Druckkonservierer.
6. Etwa 90 Minuten lang bei 10 Pfund Druck verarbeiten.

Ernährung: Kalorien 367; Gesamtfett 12,6 g; Gesättigtes Fett 5 g; Kohlenhydrate insgesamt 4 g; Nettokohlenhydrate 3,2 g; Eiweiß 56,3 g

Eingelegte kleine Rüben in Dosen

Zubereitungszeit: 30 Minuten

Kochzeit: 35 Minuten

Portionen: 4

Zutaten

- 4-5 lbs. kleine Rüben
- 2 Esslöffel Pökelsalz
- 1-1/2 Tassen weißer Zucker
- 3 Tassen weißer Essig
- 2 Esslöffel Beizgewürz, gemischt und in einem Gazebeutel verschnürt
- 1 Tasse Wasser

Wegbeschreibung

1. Die meisten Rüben waschen und die Spitzen entfernen. Einen halben Zentimeter Rübenkopf stehen lassen.
2. Die Rote Bete in einem großen Topf mit kochendem Wasser kochen, bis sie gerade weich sind, dann vom Herd nehmen.
3. Die gekochten Rüben in eine große Schüssel mit Eiswasser tauchen, damit sich die Haut leicht ablösen lässt.
4. Die Spitzen und Wurzeln der Rüben vollständig abschneiden und die Haut entfernen. In große Stücke schneiden.
5. In der Zwischenzeit die restlichen Zutaten in einem nicht reaktiven Topf vermengen und zum Kochen bringen. Die Hitze auf niedrige Stufe reduzieren und etwa 10 Minuten köcheln lassen.
6. Die Rüben in die flüssige Mischung geben und erneut aufkochen. Den Beutel mit dem Beizgewürz entfernen.
7. Die Rüben und die Einlegeflüssigkeit vorsichtig in heiße, sterilisierte Pint-Gläser füllen. Einen halben Zentimeter Abstand lassen.
8. Verwenden Sie ein nicht-metallisches Utensil, um eventuelle Luftblasen zu entfernen, und fügen Sie bei Bedarf mehr Beize hinzu, ohne jedoch den richtigen Abstand zu unterschreiten.
9. Wischen Sie die Ränder der Einmachgläser mit einem feuchten, sauberen Tuch ab, damit sie gut abdichten.
10. Die Gläser verschließen und etwa 35 Minuten lang in einem Druckkonservengerät verarbeiten.
11. Bei Flughöhen von mehr als 914 m (3000 ft) erhöhen Sie die Verarbeitungszeit um 5 Minuten.

Ernährung: Kalorien 527; Gesamtfett 1g; Gesättigtes Fett 0g; Kohlenhydrate gesamt 120g; Netto-Kohlenhydrate 107g; Eiweiß 7g

Eingelegte Hühnereier

Zubereitungszeit: 30 Minuten

Kochzeit: 20 Minuten

Portionen: 20

Zutaten

- 1 weiße Zwiebel, in Scheiben geschnitten
- 2 Vidalia-Zwiebeln, in Scheiben geschnitten
- 4-6 frische Knoblauchzehen, gewürfelt
- 2 Esslöffel Pökelsalz
- 1 Esslöffel Senfsaat
- 1 Esslöffel Selleriesamen
- 1 Esslöffel Einlegegewürz
- 4-7 Chilischoten, frisch
- 3 Tassen weißer Essig
- 1 Tasse Apfelessig
- 1 Tasse Wasser
- 24 hartgekochte Eier, geschält (48 Hühnereier)

Wegbeschreibung

1. Zwiebeln und Knoblauch in einen Kochtopf geben.
2. Die restlichen Zutaten außer den Eiern hinzufügen und zum Kochen bringen.
3. Gepellte Eier, Zwiebeln, Knoblauch und ungeschnittene Paprikaschoten in heiße Gläser geben und mit heißer Soße übergießen.
4. Setzen Sie die Deckel sofort auf. Wischen Sie die Ränder der Gläser mit einem sauberen, feuchten Tuch ab.
5. In kochendem Wasser in einem Schnellkochtopf etwa 15 Minuten lang verarbeiten.
6. Zum Verschließen abkühlen lassen.

Ernährung: Kalorien 174; Gesamtfett 10,8 g; Gesättigte Fettsäuren 3,3 g; Kohlenhydrate insgesamt 3,6 g; Nettokohlenhydrate 3,1 g; Eiweiß 13,7 g

Druckkonserven Huhn Cacciatore

Zubereitungszeit: 20 Minuten

Kochzeit: 0 Minuten

Portionen: 4

Zutaten

- 3 Pfund Hühnerfleisch ohne Knochen, mundgerechte Stücke
- 2 Tassen geschnittene Champignons
- 4 Knoblauchzehen
- 2 Tassen grüne und rote Paprika, in Würfel geschnitten
- 2 Tassen Zwiebeln, 8-teilig
- 1 Flasche Rotwein
- 2 Esslöffel Oregano
- 2 Esslöffel Basilikum
- 2 Esslöffel Thymian
- 4 Tassen Tomaten, gewürfelt und mit Saft
- Salz nach Geschmack
- Pfeffer nach Geschmack

Wegbeschreibung

1. Hähnchen, Champignons, Knoblauch, Paprika und Zwiebeln in Einmachgläser schichten.
2. Wein, Kräuter und Tomaten in einem großen Suppentopf aufkochen. Die heiße Flüssigkeit über die geschichteten Zutaten in den Gläsern schöpfen.
3. Verschließen Sie die Gläser und stellen Sie sie in einen Druckkonservierer.
4. Etwa 90 Minuten lang bei einem Druck von 10 Pfund auf einer Höhenbasis verarbeiten.

Ernährung: Kalorien 788; Gesamtfett 11,8 g; Gesättigtes Fett 3,2 g; Kohlenhydrate insgesamt 34,1 g; Nettokohlenhydrate 23,7 g; Eiweiß 104,7 g

Eingelegte Karotten in Dosen mit pikantem Knoblauch

Zubereitungszeit: 15 Minuten

Kochzeit: 25 Minuten

Portionen: 4

Zutaten

- 8-1/2 Tassen frische Gartenmöhren, klein und geschält
- 5-1/2 Tassen weißer Essig, destilliert
- 2 Tassen Zucker
- 3 Knoblauchzehen
- 1 Tasse Wasser
- 2 Esslöffel Kochsalz
- 3 Esslöffel Einlegegewürz

Wegbeschreibung

1. Möhren gut waschen und schälen.
2. In der Zwischenzeit Essig, Zucker, Knoblauch, Wasser und Salz in einem großen Suppentopf vermengen und etwa 3 Minuten lang leicht kochen lassen.
3. Möhren hinzufügen und erneut aufkochen. Die Hitze reduzieren und etwa 10 Minuten köcheln lassen, bis die Karotten halb gar sind.
4. Verteilen Sie die Gewürze auf 4 Gläser und füllen Sie die heißen Gläser mit den heißen Karotten, wobei Sie einen Zentimeter Abstand lassen.
5. Die Einmachflüssigkeit in die Gläser schöpfen, so dass die Karotten bedeckt sind. Einen halben Zentimeter Freiraum lassen.
6. Mit einem Messer durch die Flüssigkeit und die Karotten stechen, um Luftblasen zu entfernen und gegebenenfalls den Luftraum anzupassen.
7. Wischen Sie die Ränder der Einmachgläser mit einem sauberen, feuchten Papiertuch ab und bringen Sie dann 2 Stück Einmachdeckel an.
8. Verarbeiten Sie die Gläser in einem Druckkonservengerät etwa 15 Minuten lang nach den Anweisungen des Herstellers und je nach Höhenlage.

Ernährung: Kalorien 557; Gesamtfett 0g; Gesättigtes Fett 0g; Gesamtkohlenhydrate 125g; Nettokohlenhydrate 117g; Protein 2g

Süß und pikant eingelegte Radieschen

Zubereitungszeit: 30 Minuten

Kochzeit: 10 Minuten

Portionen: 6

Zutaten

- 1-1/2 Tassen Wasser
- 2 Esslöffel Kochsalz
- 1-1/4 Tassen weißer Essig
- 3/4 Tasse Rohzucker
- 1/4 Tasse Rotweinessig
- 2 Esslöffel gemischte Pfefferkörner
- 1 Esslöffel Senfkörner
- 1 Esslöffel rote Paprikaflocken, getrocknet
- 2 Pfund Radieschen, 1/8-Zoll dick

Wegbeschreibung

1. Alle Zutaten außer den Radieschen in einem mittelgroßen Topf vermengen. Bei starker bis mittlerer Hitze zum Kochen bringen, bis sich das Salz und der Zucker aufgelöst haben.

2. Radieschen in heiße Einmachgläser füllen und einen Abstand von 1/2 Zoll frei lassen.

3. Füllen Sie die heiße Essigmischung in die Gläser und lassen Sie einen halben Zentimeter Freiraum, dann verteilen Sie Samen, Pfefferkörner und Flocken auf die Gläser.

4. Wischen Sie die Ränder der Gläser mit einem sauberen, feuchten Tuch ab. Setzen Sie Deckel und Ringe auf und ziehen Sie sie mit den Fingerspitzen fest.

5. Die Gläser in einen Druckkonservenbereiter stellen und etwa 10 Minuten lang nach der Anleitung des Herstellers und entsprechend der Höhenlage verarbeiten.

Ernährung: Kalorien 142; Gesamtfett 0,9 g; Gesättigtes Fett 0,1 g; Kohlenhydrate insgesamt 33,2 g; Nettokohlenhydrate 29,7 g; Eiweiß 1,8 g

Eingelegte Kirschtomaten

Zubereitungszeit: 30 Minuten

Kochzeit: 15 Minuten

Portionen: 7

Zutaten

- 4-1/2 Tassen Wasser
- 4 Tassen Essig
- 1 Tasse Zucker
- 6 Esslöffel Kochsalz
- 8 Tassen Kirschtomaten
- 2 Tassen grob gehackter Staudensellerie
- 4 Tassen grob gehackte Zwiebel
- 2 Tassen grob gehackte Paprika
- Optional: 1 Tasse Cuca-Melone
- 6-7 Knoblauchzehen
- 6-7 Dillköpfe

Wegbeschreibung

1. Wasser, Essig, Salz und Zucker in einen großen Topf geben und zum Kochen bringen.
2. Das Gemüse in die heißen Gläser füllen und einen Abstand von 1/4 Zoll lassen. In jedes Glas 1 Knoblauchzehe und 1 Dillkopf geben.
3. Die heiße Flüssigkeit in die heißen Gläser füllen und einen Abstand von 1/4 Zoll lassen.
4. Entfernen Sie nun die Luftblasen und überprüfen Sie den Luftraum.
5. Wischen Sie die Ränder der Gläser mit einem sauberen, feuchten Tuch ab und bringen Sie zweiteilige Deckel an.
6. In einem Druckkonservengefäß ca. 15 Minuten lang nach der Anleitung des Herstellers und entsprechend der Höhenlage verarbeiten.

Ernährung: Kalorien 72; Gesamtfett 0,2 g; Gesättigtes Fett 0,1 g; Kohlenhydrate insgesamt 15,5 g; Nettokohlenhydrate 10,5 g; Eiweiß 0,8 g

Dosen-Knoblauch-Dill-Gurken

Zubereitungszeit: 45 Minuten

Kochzeit: 15 Minuten

Portionen: 15

Zutaten

- 3 lbs. Zwiebeln
- 20 Pfund in Scheiben geschnittene Einlegegurken, ganz oder aufgespießt
- 22 Tassen Wasser
- 10 Tassen weißer Essig
- 1-1/3 Tasse Pökelsalz
- 45 Knoblauchzehen, geschält
- 1 Zweig frischer Dill
- 45 Pfefferkörner

Wegbeschreibung

1. Zwiebeln und Gurken in eine große Schüssel schichten, dann mit Salz bedecken. Mit Eiswürfeln belegen, abdecken und etwa 2 Stunden in den Kühlschrank stellen.

2. Gut abtropfen lassen und gut abspülen. Zum Abspülen und Abtropfen ein Sieb verwenden.

3. Wasser, Essig und Pökelsalz vermengen und aufkochen.

4. Geben Sie 3 Knoblauchzehen und 1 frischen Dillzweig in jedes heiße Einmachglas und füllen Sie es mit Zwiebeln und Gurken.

5. Füllen Sie die heiße Essigmischung in das heiße Glas und lassen Sie einen Freiraum von 1/2 Zoll.

6. Eventuelle Luftblasen ablassen und die Ränder der Gläser abwischen. Deckel und Ringe aufsetzen.

7. Stellen Sie die Gläser in einen Druckkonservenbereiter und verarbeiten Sie sie ca. 10 Minuten lang nach den Anweisungen des Herstellers und je nach Höhenlage.

Ernährung: Kalorien 175; Gesamtfett 0,8 g; Gesättigtes Fett 0,2 g; Kohlenhydrate insgesamt 35,2 g; Nettokohlenhydrate 29,9 g; Eiweiß 5,6 g

Pikant eingelegter Spargel aus der Dose

Zubereitungszeit: 40 Minuten

Kochzeit: 10 Minuten

Portionen: 7

Zutaten

- 5 Tassen Wasser
- 5 Esslöffel Pökelsalz
- 5 Esslöffel Zucker
- 5 Tassen Essig
- 7 halbierte Knoblauchzehen, groß
- 10-12 lbs. Spargel

Wegbeschreibung

1. Wasser, Salz, Zucker und Essig in einen nicht reaktiven Topf geben und gut umrühren. Langsam aufkochen lassen.

2. Legen Sie die Knoblauchzehen auf den Boden des Glases und füllen Sie es mit den Spargelstangen. Sie sollten dicht gepackt sein.

3. Füllen Sie die heißen Gläser mit der heißen Essigmischung. Einen halben Zentimeter Abstand lassen.

4. Entfernen Sie eventuelle Luftblasen mit einem Holzspatel und fügen Sie bei Bedarf mehr Essigmischung hinzu, aber halten Sie den Luftraum aufrecht. Wischen Sie nun die Ränder der Gläser mit einem sauberen, feuchten Handtuch ab.

5. Setzen Sie die Deckel und Ringe auf und ziehen Sie sie bis zur Fingerspitze fest.

6. Stellen Sie die Gläser in einen Druckkonservenbereiter und verarbeiten Sie sie ca. 10 Minuten lang nach der Anleitung des Herstellers und je nach Höhenlage.

Ernährung: Kalorien 49; Gesamtfett 0,2 g; Gesättigtes Fett 0,1 g; Kohlenhydrate insgesamt 8,7 g; Nettokohlenhydrate 5,3 g; Eiweiß 3,6 g

Eingelegte rote Weintrauben

Zubereitungszeit: 30 Minuten

Kochzeit: 10 Minuten

Portionen: 3

Zutaten

- 2 Tassen Rotweinessig
- 2 Tassen Wasser
- 2 Tassen Zucker
- 6 Pimentbeeren
- 12 schwarze Pfefferkörner
- 3 Scheiben Ingwer
- 2 lb. rote Weintrauben

Wegbeschreibung

1. Essig, Wasser und Zucker in einem kleinen, nicht reaktiven Topf bei schwacher Hitze unter Rühren vermischen, bis sich der Zucker auflöst. Die Hitze erhöhen und zum Kochen bringen, dann vom Herd nehmen.

2. Beeren, 4 Pfefferkörner und 1 Ingwerscheibe in jedes heiße Glas geben.

3. Packen Sie die Trauben nun vorsichtig und fest in die Gläser.

4. Füllen Sie die Essiglösung in jedes Glas und lassen Sie einen Freiraum von 1/2 Zoll, um eventuelle Luftblasen zu entfernen.

5. Wischen Sie die Ränder der Gläser mit einem sauberen, feuchten Tuch ab und setzen Sie die Deckel und Ringe so auf, dass sie mit den Fingerspitzen fest sitzen.

6. Verarbeiten Sie die Gläser in einem Druckkonservengerät etwa 15 Minuten lang gemäß der Anleitung des Herstellers und je nach Höhenlage.

Ernährung: Kalorien 781; Gesamtfett 1,2 g; Gesättigtes Fett 0,3 g; Kohlenhydrate insgesamt 199,1 g; Nettokohlenhydrate 194,2 g; Eiweiß 2,9 g

Kapitel 12: Andere Konservenrezepte

Scharfe Chili-Pfeffer-Butter

Zubereitungszeit: 5 Minuten

Kochzeit: 20 Minuten

Portionen: 8-Pint-Gläser

Zutaten

- 40 mittelscharfe Chilischoten (entkernt, fein gehackt)
- 1 Tr. Apfelessig
- 1 Tr. zubereiteter gelber Senf
- 6 Tassen Zucker
- 1 ¼ Tassen Mehl
- 1 Teelöffel Salz
- 1 ½ Tassen Wasser

Wegbeschreibung

1. Sterilisieren Sic die Gläser.
2. Alle genannten Zutaten zusammen in einen Topf geben und zum Kochen bringen.
3. Etwa 5 Minuten unter ständigem Rühren kochcn.
4. Schalten Sie die Flamme aus und schöpfen Sie den sichtbaren Schaum ab.
5. Füllen Sie die Mischung sofort in die sterilisierten Gläser, wobei Sie einen Viertelzoll Freiraum lassen.
6. Beseitigen Sie eventuelle Luftblasen und reinigen Sie die Felgen.
7. Verschließen Sie die Gläser mit dem Deckel und bringen Sie die Bänder an, wobei Sie darauf achten, dass sie fest angezogen sind.
8. Die Gläser 10 Minuten lang in einen vorbereiteten Topf mit kochendem Wasser eintauchen.
9. Herausnehmen, abkühlen lassen und dann die Gläser beschriften.

Ernährung: 93 kcal

Bananen- und Ananasbutter

Zubereitungszeit: 10 Minuten

Kochzeit: 30 Minuten

Portionen: 4 Halbpint-Gläser

Zutaten

- 1 Tasse Banane (zerdrückt)
- 1 Tasse zerdrückte Ananas in Dosen (mit Saft)
- 2 Esslöffel Maraschino-Kirschen (zerkleinert)
- 2 Teelöffel Zitronensaft (frisch)
- 3 ½ Tassen Kristallzucker
- 3 oz. flüssiges Pektin

Wegbeschreibung

1. Sterilisieren Sie die Gläser.
2. Alle genannten Zutaten mit Ausnahme des Pektins in einen Topf geben und unter ständigem Rühren zum Kochen bringen.
3. Eine Minute lang kochen lassen.
4. Die Flamme ausschalten und das Pektin 5 Minuten lang einrühren.
5. Schöpfen Sie den sichtbaren Schaum ab.
6. Füllen Sie die Mischung sofort in die sterilisierten Gläser, wobei Sie einen Viertelzoll Freiraum lassen.
7. Beseitigen Sie eventuelle Luftblasen und reinigen Sie die Felgen.
8. Verschließen Sie die Gläser mit dem Deckel und bringen Sie die Bänder an, wobei Sie darauf achten, dass sie fest angezogen sind.
9. Die Gläser 5 Minuten lang in einen vorbereiteten Topf mit kochendem Wasser eintauchen.
10. Herausnehmen, abkühlen lassen und dann die Gläser beschriften.

Ernährung: 116 kcal

Pfirsich-Rum-Konfitüre

Zubereitungszeit: 15 Minuten

Kochzeit: 45 Minuten

Portionen: 2-Pint-Gläser

Zutaten

- 3 Esslöffel Orangenschalen
- 2/3 Tasse Orangenfruchtfleisch
- 1/2 Tasse Maraschino-Kirschen (zerkleinert)
- 1/2 Tasse leichter Rum
- 6 1/2 Tassen Zucker
- 2 Tassen Pfirsiche (geschält, entkernt, gewürfelt)
- 1/2 Teelöffel Ingwer
- 1/4 Teelöffel Muskatblüte
- 3/4 Tasse Ananas (zerdrückt)
- 3 Esslöffel Zitronensaft
- 1/2 Teelöffel Salz

Wegbeschreibung

1. Sterilisieren Sie die Gläser.

2. Orangenfruchtfleisch und Orangenschale in einem Topf mischen und mit Wasser bedecken, bis die Schale weich ist.

3. Den Rumbehälter in heißes Wasser stellen und beiseite stellen.

4. Ananas, Pfirsiche, Limettensaft und Kirschen zusammen mit der Orangenmischung in einem Topf mischen, dann die Gewürze und den Zucker einrühren, bis sich der Zucker auflöst.

5. Unter häufigem Rühren kochen, bis die Masse eindickt, dann vom Herd nehmen und den Rum einrühren.

6. Schöpfen Sie den sichtbaren Schaum ab und füllen Sie die Mischung sofort in die sterilisierten Gläser. Lassen Sie einen Viertelzoll Abstand, entfernen Sie Luftblasen und reinigen Sie die Ränder.

7. Verschließen Sie die Gläser mit dem Deckel und bringen Sie die Bänder an, wobei Sie darauf achten, dass sie fest angezogen sind.

8. Die Gläser 15 Minuten lang in einen vorbereiteten Topf mit kochendem Wasser eintauchen.

9. Herausnehmen, abkühlen lassen und dann die Gläser beschriften.

Ernährung: 220 kcal

Zitronenquark

Zubereitungszeit: 10 Minuten

Kochzeit: 30 Minuten

Portionen: 3 Halbliter-Gläser

Zutaten

- ½ Tasse Zitronensaft
- 6 Eigelb
- 1 Tasse Zucker
- 1 Stück Butter (gewürfelt)
- 4 Esslöffel Zitronenschale

Wegbeschreibung

1. Sterilisieren Sie die Gläser.
2. Zitronensaft, Zucker und Ei in einem Topf auf mittlerer Flamme verquirlen und unter ständigem Rühren 10-15 Minuten kochen, dabei darauf achten, dass die Masse nicht kocht.
3. Sobald die Masse eindickt, die Butter in kleinen Stücken zugeben und rühren, bis sie geschmolzen ist.
4. Die Mischung durch ein feinmaschiges Sieb streichen und dann die Schale unterrühren.
5. Schalten Sie die Flamme aus und schöpfen Sie den sichtbaren Schaum ab.
6. Füllen Sie die Mischung sofort in die sterilisierten Gläser, so dass ein halber Zoll Freiraum bleibt.
7. Entfernen Sie alle Luftblasen und reinigen Sie die Felgen.
8. Verschließen Sie die Gläser mit dem Deckel und bringen Sie die Bänder an, wobei Sie darauf achten, dass sie fest angezogen sind.
9. Die Gläser 20 Minuten lang in einen vorbereiteten Topf mit kochendem Wasser eintauchen.
10. Herausnehmen, abkühlen lassen und dann die Gläser beschriften.

Ernährung: 123 kcal

Mangolicious Butter

Zubereitungszeit: 10 Minuten

Kochzeit: 1 Stunde

Portionen: 6-Pint-Gläser

Zutaten

- 6 ½ Tassen reife Mangos (geschält, entkernt, gewürfelt)
- 3 Esslöffel Zitronensaft
- 2 ½ Tassen Zucker
- ¾ Tasse Orangensaft
- ½ Tasse Wasser

Wegbeschreibung

1. Sterilisieren Sie die Gläser.
2. Den Orangensaft, die Mangos und das Wasser in einen Topf geben und zum Kochen bringen.
3. 35 Minuten auf kleiner Flamme köcheln lassen.
4. Die Mischung durch ein Sieb streichen, die breiige Mango wieder in den Topf geben und den Zucker und den Zitronensaft unterrühren.
5. Die Mischung umrühren, bis sich der Zucker aufgelöst hat, und dann weitere 30 Minuten kochen.
6. Schöpfen Sie den Schaum ab.
7. Schöpfen Sie die Mischung sofort in die sterilisierten Gläser, die zu drei Vierteln gefüllt sein sollten.
8. Beseitigen Sie eventuelle Luftblasen und reinigen Sie die Felgen.
9. Verschließen Sie die Gläser mit dem Deckel und bringen Sie die Bänder an, wobei Sie darauf achten, dass sie fest angezogen sind.
10. Die Gläser 10 Minuten lang in einen vorbereiteten Topf mit kochendem Wasser eintauchen.
11. Herausnehmen, abkühlen lassen und dann die Gläser beschriften.

Ernährung: 66 kcal

Rosinen-Pflaumen-Konfitüre

Zubereitungszeit: 10 Minuten

Kochzeit: 45 Minuten

Portionen: 7 Halbpint-Gläser

Zutaten

- 5 Tassen Pflaumen (gehackt, entkernt)
- 1 Tasse Orange (geschält, entkernt, gewürfelt)
- 3 Tassen Zucker
- 1 Tasse Rosinen
- 1 Tasse Pekannüsse (gehackt)
- 2 Esslöffel Orangenschalen
- 1 Teelöffel Zimt

Wegbeschreibung

1. Sterilisieren Sie die Gläser.
2. Alle genannten Zutaten, außer den Pekannüssen, in einem Topf mischen und zum Kochen bringen.
3. Rühren, bis sich der Zucker auflöst, und dann unter ständigem Rühren etwa 15 Minuten lang kochen, bis die Masse zu gelieren beginnt.
4. Die Pekannüsse untermischen und unter Rühren weitere 5 Minuten kochen.
5. Schalten Sie die Flamme aus und schöpfen Sie den sichtbaren Schaum ab.
6. Füllen Sie die Mischung sofort in die sterilisierten Gläser, wobei Sie einen Viertelzoll Freiraum lassen.
7. Beseitigen Sie eventuelle Luftblasen und reinigen Sie die Felgen.
8. Verschließen Sie die Gläser mit dem Deckel und bringen Sie die Bänder an, wobei Sie darauf achten, dass sie fest angezogen sind.
9. Die Gläser 15 Minuten lang in einen vorbereiteten Topf mit kochendem Wasser eintauchen.
10. Herausnehmen, abkühlen lassen und dann die Gläser beschriften.

Ernährung: 95 kcal

Gewürzbirnenbutter

Zubereitungszeit: 25 Minuten

Kochzeit: 1 Stunde und 30 Minuten

Portionen: 9 Halbpint-Gläser

Zutaten

- 15 Bartlett-Birnen (in Scheiben geschnitten)
- 1 Teelöffel Nelken (gemahlen)
- 1 ½ Teelöffel Zimt (gemahlen)
- 2 Tassen Wasser
- 2 Esslöffel Zitronensaft
- 6 Tassen Zucker
- ½ Teelöffel Ingwer (gemahlen)

Wegbeschreibung

1. Sterilisieren Sie die Gläser.

2. Wasser und Birnen in einem Topf vermengen und zugedeckt kochen, bis sie weich sind (ca. 30 Minuten).

3. Die zarten Birnen in einem Sieb auspressen und dann 8 Tassen Birnenfruchtfleisch abmessen.

4. Das Birnenfruchtfleisch zurück in die Pfanne geben.

5. In einer separaten Pfanne 1 ½ Tassen Wasser unter Rühren karamellisieren lassen und dann in das Birnenfruchtfleisch geben.

6. Die restlichen Zutaten bis auf den Zitronensaft einrühren und unter häufigem Rühren etwa 45 Minuten zugedeckt kochen, bis die Masse eindickt.

7. Schalten Sie die Flamme aus und schöpfen Sie den sichtbaren Schaum ab.

8. Füllen Sie die Mischung sofort in die sterilisierten Gläser, wobei Sie einen Viertelzoll Freiraum lassen.

9. Beseitigen Sie eventuelle Luftblasen und reinigen Sie die Felgen.

10. Verschließen Sie die Gläser mit dem Deckel und bringen Sie die Bänder an, wobei Sie darauf achten, dass sie fest angezogen sind.

11. Die Gläser 15 Minuten lang in einen vorbereiteten Topf mit kochendem Wasser eintauchen.

12. Herausnehmen, abkühlen lassen und dann die Gläser beschriften.

Ernährung: 88 kcal

Birnen-Kirsch-Konfitüre

Zubereitungszeit: 25 Minuten

Kochzeit: 1 Stunde

Portionen: 10-Pint-Gläser

Zutaten

- 8 Tassen reife Birnen (zerkleinert)
- 32 oz. Sauerkirschen (aus der Dose, abgetropft)
- 32 oz. Ananas (in Dosen, nicht abgetropft)
- 2 Limetten (abgeriebene Schale)
- 2 Zitronen (abgeriebene Schale)
- 2 Tassen Rosinen
- 10 Tassen Zucker
- 1 1/3 Tassen Walnüsse (grob gehackt)

Wegbeschreibung

1. Sterilisieren Sie die Gläser.
2. Limetten- und Zitronenschale, Ananas, Kirschen, Birnen, Zucker und Rosinen in einer Schüssel vermengen und über Nacht in den Kühlschrank stellen.
3. Die Mischung in einen niederländischen Ofen geben und 50-60 Minuten kochen, bis sie eindickt.
4. Die Nüsse untermischen.
5. Schalten Sie die Flamme aus und schöpfen Sie den sichtbaren Schaum ab.
6. Füllen Sie die Mischung sofort in die sterilisierten Gläser, wobei Sie einen Viertelzoll Freiraum lassen.
7. Beseitigen Sie eventuelle Luftblasen und reinigen Sie die Felgen.
8. Verschließen Sie die Gläser mit dem Deckel und bringen Sie die Bänder an, wobei Sie darauf achten, dass sie fest angezogen sind.
9. Die Gläser 10 Minuten lang in einen vorbereiteten Topf mit kochendem Wasser eintauchen.
10. Herausnehmen, abkühlen lassen und dann die Gläser beschriften.

Ernährung: 70 kcal

Pfirsichbutter mit Zimtgeschmack

Zubereitungszeit: 15 Minuten

Kochzeit: 1 Stunde

Portionen: 3-Pint-Gläser

Zutaten

- 4 Pfund Pfirsiche (entsteint, geviertelt)
- ¼ Tasse Zitronensaft
- 2 Tassen Zucker
- 2 Tassen Wasser
- 2 Esslöffel Zitronenschale (gerieben)
- 2 Teelöffel Zimt

Wegbeschreibung

1. Sterilisieren Sie die Gläser.
2. Das Wasser und die Pfirsiche in einen Topf geben und zum Kochen bringen.
3. Unter häufigem Rühren köcheln lassen, bis sie weich sind.
4. Die Mischung schubweise verarbeiten, bis sie glatt ist.
5. Die Mischung wieder in die Pfanne geben und den Zitronensaft, die Zitronenschale, den Zucker und den Zimt untermischen.
6. Unter ständigem Rühren erneut aufkochen lassen.
7. Etwa 30 Minuten köcheln lassen, dabei häufig umrühren.
8. Schalten Sic die Flamme aus und schöpfen Sie den sichtbaren Schaum ab.
9. Füllen Sie die Mischung sofort in die sterilisierten Gläser, wobei Sie einen Viertelzoll Freiraum lassen.
10. Beseitigen Sie eventuelle Luftblasen und reinigen Sie die Felgen.
11. Verschließen Sie die Gläser mit dem Deckel und bringen Sie die Bänder an, wobei Sie darauf achten, dass sie fest angezogen sind.
12. Die Gläser 10 Minuten lang in einen vorbereiteten Topf mit kochendem Wasser eintauchen.
13. Herausnehmen, abkühlen lassen und dann die Gläser beschriften.

Ernährung: 59 kcal

Grünkohlsalat

Zubereitungszeit: 30 Minuten

Kochzeit: 1 Woche

Portionen: 4

Zutaten

- 3 Tassen Grünkohlblätter
- 2 Karotten
- 1 Tasse kleine Brokkoli-Röschen
- ½ mittelgroße Zwiebel
- Starterkultur (optional)
- 1 Esslöffel unraffiniertes Meersalz
- Gefiltertes Wasser

Wegbeschreibung

1. Das Gemüse waschen. Die Grünkohlblätter zerschneiden oder raspeln. Die Möhren raspeln. Die Brokkoliröschen in kleine Stücke schneiden. Die Zwiebel würfeln. Das gesamte Gemüse in eine Glasschüssel geben und vermischen.

2. Stellen Sie eine Salzlake her, indem Sie das Meersalz mit 4 Tassen gesiebtem Wasser vermischen und das Salz einrühren, bis es sich auflöst. Fügen Sie jetzt die Starterkultur hinzu, falls Sie sie verwenden wollen. Geben Sie das Gemüse in das Gärfach. Packen Sie es fest ein. Gießen Sie die Salzlake in das Fach, bis sie direkt über dem Gemüse steht.

3. Legen Sie eine Ladung in den Behälter und drücken Sie sie nach unten, um alle Lufteinschlüsse aus dem Gemüse herauszudrücken. Die Salzlake sollte über der Ladung stehen, wenn Sie sie ausgedrückt haben. Achten Sie darauf, dass Sie am Kopf des Behälters einen Freiraum von einigen Zentimetern lassen, weil das Salz in der Salzlösung dem Gemüse mehr Feuchtigkeit entzieht.

4. Setzen Sie den Deckel auf den Behälter und lassen Sie ihn bis zu sieben Tage bei Zimmertemperatur reifen. Überprüfen Sie ihn in der folgenden Woche und stellen Sie ihn in die Eistruhe, wenn Sie mit der Gärung zufrieden sind. Wenn nicht, lassen Sie ihn gären, bis Sie ihn für reif halten.

Ernährung: 16 kcal

Apfelkonserven in Dosen

Zubereitungszeit: 10 Minuten

Kochzeit: 5 Minuten

Portionen: 6 Esslöffel

Zutaten

- 6 Tassen Äpfel, geschält, entkernt und in Scheiben geschnitten
- 1 Esslöffel Zitronensaft
- 1 Tasse Wasser
- 1 Päckchen Pektinpulver
- 1/2 Zitrone, in dünne Scheiben geschnitten
- 4 Tassen Zucker
- 2 Esslöffel Muskatnuss

Wegbeschreibung

1. Äpfel, Zitronensaft und Wasser in einen Topf geben und zugedeckt 10 Minuten köcheln lassen.

2. Das Pektinpulver einrühren und zum Kochen bringen. Unter häufigem Rühren 1 Minute lang kochen lassen.

3. Zitrone und Zucker in den Topf geben und unter häufigem Rühren noch 1 Minute kochen lassen.

4. Die Mischung vom Herd nehmen und Muskatnuss hinzufügen.

5. Die heiße Konfitüre in sterilisierte Pint-Gläser füllen und dabei einen Zwischenraum von 1/4 Zoll frei lassen.

6. Die Ränder mit einem feuchten Papiertuch abwischen. Die Deckel der Gläser anpassen und die Gläser so in den Druckkonservenbehälter mit Wasser stellen, dass die Gläser mindestens einen halben Zentimeter mit Wasser bedeckt sind.

7. Decken Sie den Druckkonservenbehälter mit einem normalen Deckel ab, der gut passt, und lassen Sie die Gläser 5 Minuten lang einkochen.

8. Warten Sie, bis der Einkochautomat abgekühlt ist, bevor Sie die Gläser herausnehmen.

Ernährunge: Kalorien 31; Gesamtfett 0,1g; Gesättigtes Fett 0g; Kohlenhydrate insgesamt 7,3g; Nettokohlenhydrate 4,3g; Eiweiß 0,1; Zucker 0g; Ballaststoffe 0,6g; Natrium 5,3mg; Kalium 19,9mg

Feigenkonfitüre aus der Dose

Zubereitungszeit: 20 Minuten

Kochzeit: 10 Minuten

Portionen: 5 Esslöffel

Zutaten

- 2 Liter Feigen, frisch gehackt
- 6 Tassen Zucker
- 3/4 Tasse Wasser
- 1/4 Tasse Zitronensaft

Wegbeschreibung

1. Feigen in einen Suppentopf geben und mit kochendem Wasser übergießen. 10 Minuten ruhen lassen, dann das Wasser abgießen, die Feigen entstielen und in Stücke schneiden.

2. Zucker und Wasser zu den Feigen geben. Unter gelegentlichem Rühren zum Kochen bringen, bis sich der Zucker vollständig aufgelöst hat.

3. Unter häufigem Rühren schnell kochen, bis die Mischung eindickt. Zitronensaft hinzugeben und 1 weitere Minute kochen.

4. Die heiße Feigenmarmelade in sterilisierte Pint-Gläser füllen, wobei ein Abstand von 1/4 Zoll eingehalten werden muss. Die Ränder mit einem feuchten Tuch abwischen und die Deckel auf die Gläser setzen.

5. Die Gläser in den Druckkonservenbehälter mit Wasser stellen, so dass die Gläser mindestens 2 Zoll mit Wasser bedeckt sind.

6. Decken Sie den Druckkonservenbehälter mit einem normalen Deckel ab, der gut passt, und lassen Sie die Gläser 5 Minuten lang einkochen.

7. Warten Sie, bis der Einmachbehälter abgekühlt ist, bevor Sie die Gläser herausnehmen. Lassen Sie die Gläser auf einem Kühlregal ruhen, bevor Sie sie an einem kühlen, trockenen Ort aufbewahren.

Ernährung: Kalorien 61; Gesamtfett 0,1 g; Gesättigtes Fett 0 g; Kohlenhydrate insgesamt 0 g; Nettokohlenhydrate 0 g; Eiweiß 0,1; Zucker 0 g; Ballaststoffe 0 g; Natrium 30 mg; Kalium 100 mg

Butia-Palmenfrucht-Gelee

Zubereitungszeit: 40 Minuten

Kochzeit: 50 Minuten

Portionen: 4 Esslöffel

Zutaten

- 3 Quarts reife Früchte
- 6 Tassen Wasser
- 1 Päckchen Pektinpulver
- Lebensmittelfarbtropfen
- 7-1/2 Tassen Zucker

Wegbeschreibung

1. Die Früchte verlesen, waschen und dabei die Kelchblätter und Stiele entfernen, falls vorhanden. Die Früchte in einen Topf mit Wasser geben und zugedeckt zum Kochen bringen. Die Hitze reduzieren und 30 Minuten lang köcheln lassen.

2. Die Früchte mit einem Kartoffelstampfer zerkleinern, auch wenn die Kerne zu groß sind, so dass der Stampfer teilweise zerbricht.

3. Den ablaufenden Saft in einem Sieb auffangen und abseihen. Den Saft über Nacht in den Kühlschrank stellen.

4. Den Saft abgießen, so dass der Rückstand zurückbleibt. 5-1/2 Tassen des abgeseihten Saftes abmessen und in einen flachen Kochtopf gießen.

5. Das Pulver einrühren, bis es sich gut aufgelöst hat. Pektin hinzufügen und unter gelegentlichem Rühren zum Kochen bringen.

6. Zucker hinzufügen und unter Rühren erhitzen, bis er sich vollständig aufgelöst hat. Die Mischung unter ständigem Rühren zum Sieden bringen.

7. Vom Herd nehmen und das Gelee in sterilisierte Gläser füllen, wobei ein Abstand von 1/4 Zoll eingehalten werden muss.

8. Wischen Sie die Ränder mit einem feuchten Tuch ab und schließen Sie die Deckel.

9. Stellen Sie die Gläser mit Wasser in den Druckkonservenbehälter, so dass die Gläser mindestens zwei Zentimeter mit Wasser bedeckt sind.

10. Decken Sie den Druckkonservenbehälter mit einem normalen, gut passenden Deckel ab und lassen Sie die Gläser 10 Minuten lang einkochen.

Ernährung: Kalorien 127; Gesamtfett 0g; Gesättigtes Fett 0g; Kohlenhydrate insgesamt 0g; Nettokohlenhydrate 0g; Eiweiß 0,1g; Zucker 29g; Ballaststoffe 0g; Natrium 0mg; Kalium 0mg

Birnenkonserven

Zubereitungszeit: 40 Minuten

Kochzeit: 40 Minuten

Portionen: 3 Esslöffel

Zutaten

- 3 Tassen Zucker
- 2-1/2 Tassen Wasser
- 6 reife Birnen, entkernt und in Viertel geschnitten
- 1 Zitrone, in dünne Scheiben geschnitten

Wegbeschreibung

1. Die Hälfte des Zuckers und des Wassers in einem Topf mischen und bei starker Hitze 2 Minuten lang kochen.

2. Birnen hinzufügen und 15 Minuten kochen lassen. Den restlichen Zucker und die Zitrone zu der Zuckermischung geben. Rühren, bis sich der gesamte Zucker aufgelöst hat. Weitere 25 Minuten kochen.

3. Abdecken und für 12-24 Minuten in den Kühlschrank stellen.

4. Die Mischung bis zum Sieden erhitzen und dann vom Herd nehmen. In die sterilisierten Gläser füllen.

5. Wischen Sie die Ränder der Gläser mit einem feuchten Tuch ab und schließen Sie die Deckel.

6. Die Gläser in den Druckkonservenbehälter mit Wasser stellen, so dass die Gläser mindestens 2 Zoll mit Wasser bedeckt sind.

7. Decken Sie den Druckkonservenbehälter mit einem gewöhnlichen Deckel ab, der gut passt, und verarbeiten Sie die Gläser 5 Minuten lang.

8. Lassen Sie den Einmachbehälter abkühlen, bevor Sie die Gläser herausnehmen und auf einem Gestell abkühlen lassen. Lagern Sie Ihre Konfitüre an einem kühlen, trockenen Ort.

Ernährung: Kalorien 50; Gesamtfett 0g; Gesättigtes Fett 0g; Kohlenhydrate insgesamt 12g; Nettokohlenhydrate 12g; Eiweiß 0g; Zucker 10g; Ballaststoffe 0g; Natrium 0mg; Kalium 0mg

Tutti-Frutti-Konfitüre in Dosen

Zubereitungszeit: 20 Minuten

Kochzeit: 10 Minuten

Portionen: 3 Esslöffel

Zutaten

- 3 Tassen Birnen, gewürfelt
- 1 Orange
- 1/4 Tassen Maraschino-Kirschen, gehackt
- 3/4 Tasse zerdrückte Ananas, abgetropft
- 1/4 Tasse Zitronensaft
- 1 Päckchen Pektinpulver
- 5 Tassen Zucker

Wegbeschreibung

1. Die Birnen verlesen und gründlich waschen. Die Birnen schälen, entkernen und in Stücke schneiden.
2. Die Orangen schälen, entkernen und das Fruchtfleisch auspressen oder hacken.
3. Die Birnen in einen Kessel geben, dann die Orangen, Kirschen, Ananas und den Zitronensaft hinzufügen.
4. Pektin hinzugeben und gut umrühren. Den Kessel auf hohe Hitze stellen und unter ständigem Rühren erhitzen, bis die Mischung vollständig aufgekocht ist.
5. Zucker zugeben und unter Rühren bis zum Siedepunkt erhitzen. 1 Minute kochen lassen, dann vom Herd nehmen und abschäumen.
6. Die sterilisierten Gläser mit der Konfitüre füllen, dabei einen Abstand von 1/4 lassen. Die Ränder mit einem feuchten, sauberen Tuch abwischen und die Deckel auf die Gläser setzen.
7. Die Gläser in den Druckkonservenbehälter mit Wasser stellen, so dass die Gläser mindestens 2 Zoll mit Wasser bedeckt sind.
8. Decken Sie den Druckkonservenbehälter mit einem normalen, gut passenden Deckel ab und lassen Sie die Gläser 5 Minuten lang einkochen. Warten Sie, bis der Einkochautomat abgekühlt ist, bevor Sie die Gläser herausnehmen.

Ernährung: Kalorien 127; Gesamtfett 0g; Gesättigtes Fett 0g; Kohlenhydrate insgesamt 0g; Nettokohlenhydrate 0g; Eiweiß 0,1g; Zucker 29g; Ballaststoffe 0g; Natrium 0mg; Kalium 0mg

Trauben-Pflaumen-Gelee

Zubereitungszeit: 20 Minuten

Kochzeit: 10 Minuten

Portionen: 5 Esslöffel

Zutaten

- 3-1/2 lb. Pflaumen, reif
- 3 lb. reife Concord-Trauben
- 1 Tasse Wasser
- 1/2 Esslöffel Butter
- 1-3/4 oz Pektin in Pulverform
- 8-1/2 Tassen Zucker

Wegbeschreibung

1. Die Pflaumen mit klarem Wasser waschen.

2. Die Pflaumen und die Weintrauben in einem Topf mit Wasser gründlich zerkleinern, und zwar eine Schicht nach der anderen.

3. Die Mischung zum Kochen bringen, die Hitze reduzieren und 10 Minuten lang köcheln lassen. Die Mischung in ein Geleebad geben und die Flüssigkeit abseihen.

4. 6-1/2 Tassen der Flüssigkeit, Butter und Pektin in einen Topf geben. Unter Rühren bei starker Hitze zum Kochen bringen.

5. Zucker hinzufügen und unter Rühren erneut aufkochen, bis sich der Zucker vollständig aufgelöst hat. Vom Herd nehmen und den Schaum abschöpfen.

6. Das heiße Trauben-Pflaumen-Gelee in die sterilisierten Gläser füllen, dabei einen Abstand von 1/4 lassen. Die Ränder mit einem feuchten, sauberen Tuch abwischen und die Deckel verschließen

7. Die Gläser in den Druckkonservenbehälter mit Wasser stellen, so dass die Gläser mindestens 2 Zoll mit Wasser bedeckt sind.

8. Decken Sie den Druckkonservenbehälter mit einem gewöhnlichen Deckel ab, der gut passt, und verarbeiten Sie die Gläser 5 Minuten lang.

9. Warten Sie, bis der Einkochautomat abgekühlt ist, bevor Sie die Gläser herausnehmen.

Ernährung: Kalorien 46; Gesamtfett 0g; Gesättigtes Fett 0g; Kohlenhydrate insgesamt 9g; Nettokohlenhydrate 7g; Eiweiß 0g; Zucker 0g; Ballaststoffe 2g; Natrium 0mg; Kalium 0mg

Dosen-Erdbeer-Gelee

Zubereitungszeit: 20 Minuten

Kochzeit: 10 Minuten

Portionen: 4 Esslöffel

Zutaten

- 4 Tassen Erdbeersaft
- 7-1/2 Tasse Zucker
- 2 Beutel flüssiges Pektin

Wegbeschreibung

1. Die Erdbeeren gründlich waschen, Stiel und Deckel entfernen, zerdrücken und den Saft auspressen.

2. Den Erdbeersaft und den Zucker in einen Kessel geben. Gut umrühren und erhitzen, bis die Mischung nicht mehr zu rühren ist.

3. Pektin hinzufügen und weiter erhitzen, bis es kocht. Eine Minute lang stark kochen, dann den Schaum abschöpfen.

4. Das Erdbeergelee in die sterilisierten Gläser füllen, dabei einen Abstand von 1/4 lassen. Die Ränder mit einem feuchten Tuch abwischen und die Deckel verschließen

5. Stellen Sie die Gläser mit Wasser in den Druckkonservenbehälter, so dass die Gläser mindestens zwei Zentimeter mit Wasser bedeckt sind.

6. Decken Sie den Druckkonservenbehälter mit einem gewöhnlichen Deckel ab, der gut passt, und verarbeiten Sie die Gläser 5 Minuten lang.

Ernährung: Kalorien 46; Gesamtfett 0g; Gesättigtes Fett 0g; Kohlenhydrate insgesamt 10g; Nettokohlenhydrate 9g; Eiweiß 0g; Zucker 0g; Ballaststoffe 1g; Natrium 0mg; Kalium 0mg